ERICH BOCHINGER
WIE KANN GOTT DAS ZULASSEN?

Erich Bochinger

Wie kann Gott das zulassen?

Geschichten von Hiob
Erfahrungen von heute

mit Zeichnungen und Holzschnitten
von Gerhard Grimm

Diakonie-Verlag

INHALT

Prolog	7
Glück und Unglück	9
Ich schreie zu Gott	17
Hiobs Krankheit	20
Freunde in der Not	25
Leidige Tröster	36
Ausweglos	44
Gott antwortet	56
Erläuterungen zu Hiob und Beispiele von heute	65
Die Rahmenerzählung im Buch Hiob	68
Vier Gottesaspekte	69
Die Gottesreden	74
Hiobs Frau	76
Die bittere Warum-Frage heute	77
Die Theodizee-Frage	80
Vier Grundaspekte im Neuen Testament	81
Hilfen im Umgang mit dem Leiden	84

PROLOG

Ich habe es gleich gemerkt, als sie anrief, daß da irgendetwas Schreckliches passiert sein muß. Sie sagte nur: ‚Ich bin's, Sarah'. Ihre Stimme erschreckte mich. Ich fragte: ‚Ist etwas mit deinem Baby'? Sarah ist im sechsten Monat schwanger. Da hörte ich sie sagen: ‚Peter ist tot.' ‚Aber wieso denn, was ist geschehen?' fragte ich. Keine Antwort. Sie hatte aufgelegt. Ich fuhr sofort hin.
Sarah hatte, als sie mit den Kindern vom Spaziergang kam, ihren Mann im Schlafzimmer gefunden, erhängt. In der Hand hielt er einen Zettel: Der Schulrat war da. Ich pack das nicht mehr. Ich bin kein Lehrer. Bitte, verzeih mir.
Peter hatte damals, nach dem Studium, keine Stelle bekommen, wie die meisten. Zuerst hatte er noch Hoffnung, weil sein Examen so gut war, später nicht mehr. Er fand da und dort kurzfristig einen Job, mal auf dem Bau, mal als Portier, nichts, was seiner Ausbildung entsprach. Dann, nach fünf Jahren, kam das Angebot einer Lehrerstelle. Natürlich nahm er sie an, obwohl er jetzt plötzlich Angst davor hatte. Sie zogen um, weil die Schule, an der Peter seine Stelle bekam, 60 km entfernt war. Alles war fremd. Die Kinder fühlten sich nicht wohl. Sarah versuchte, sie aufzumuntern: ‚Ihr kriegt bestimmt wieder neue Freunde.' Und wenn sie merkte, daß Peter am Morgen mit Angst in die Schule ging (‚die schlimmsten Klassen haben sie mir gegeben'), sagte sie: ‚Das geht jedem so, am Anfang. Du schaffst das!' Und jetzt das. Ich weiß gar nicht, wie ich ihr helfen kann. Das war vor sechs Wochen. Heute mußte sie ihr Töchterchen ins Krankenhaus bringen, Verdacht auf Krebs.«
Sie schaute mich an. »Sagen Sie, Sie sind doch Pfarrer. Wie kann Gott so etwas zulassen?«

Glück und Unglück
(Hiob 1, 1–5, 13–20)

Es lebte einmal in alter Zeit ein Mann namens Hiob. Er wohnte fern im Ostland und war schwer reich. Sieben Söhne und drei Töchter hatte ihm Sarah, seine Frau, geboren. Sie waren das Glück ihres Alters. Selbst schon erwachsen wohnten sie alle in eigenen Häusern. Sie hatten ein gutes Verhältnis zueinander und zu ihren Eltern.

Hiobs Besitz war unermeßlich. Sein Kleinvieh, Schafe und Ziegen, zählte nach Tausenden. Er konnte nicht sagen, wie viele Knechte mit den Viehherden jetzt gerade unterwegs waren und wo sie weideten. Seit seine Söhne erwachsen waren, hatte er die Oberaufsicht an sie abgegeben. Neben dem Kleinvieh gehörten dreitausend Kamele zu seinem Besitz. Hunderte von Rindern pflügten sein Ackerland. Knechte und Mägde taten die Arbeit auf den Feldern und den Weiden und versorgten die Häuser, in denen Hiob und seine Kinder lebten. Sie fühlten sich wohl im Dienst Hiobs. Man hielt sie, als gehörten sie zur Familie. Sie hatten, was sie für sich und ihre Kinder zum Leben brauchten – genug und mehr als genug. Denn Hiob sagte: Irdischer Besitz ist Gottes Segen. Und Segen macht immer auch andere reich, nicht nur den, dem er zufällt. Wer bin ich, daß Gott gerade mich so beschenkt? Ich werde es nicht vergessen, wie es ist, als Knecht zu arbeiten unter einem harten Herrn. Habe ich es doch in einer nicht geringen Zahl von Jahren selber erfahren, bis ich das Joch von mir warf, um selber Herr zu sein, keinen Gebieter über mir zu haben, außer Gott.

Hiob saß hinter dem Haus in der Abendkühle. Die oberste Dienerin hatte den Tisch freundlich gedeckt mit Blumen und Früchten. Jetzt kam Sarah; sie brachte noch etwas zu trinken und setzte sich zu ihm. Eine Zeitlang saßen sie wortlos, bis Sarah, temperamentvoll noch im Alter, zu reden anfing:
»Wie gut geht es uns, Hiob! Ich könnte nicht glücklicher sein, wenn ich ein junges Mädchen wäre, begehrt von allen Männern. Was gibt es, das wir uns noch wünschen könnten? Wir haben alles, was man zu einem erfüllten Leben braucht, und mehr als alles.
Die anstrengenden Jahre sind vorüber, wo du immer an sieben Orten zugleich sein wolltest, um alles in der Hand zu haben und überall nach dem Rechten zu sehen. Jetzt leben wir miteinander in diesem Haus wie in der

ersten Zeit, als noch keine Kinder da waren. Sie sind erwachsen, alle aus dem Haus, und unsere Liebe ist noch immer jung wie damals.

Die Mägde im Haus sind tüchtig und zufrieden; sie sind uns wie Schwestern und Töchter. Und unsere eigenen Kinder! Hiob, wer hat mit seinen Kindern so viel Glück wie wir? Alle wohl geraten, gut zueinander, freundlich zu ihren Eltern und im Herzen Gott zugewandt.«
»Meinst du?« fragte Hiob.
Doch Sarahs Lachen wischte seine Frage weg. »Meinst du? Meinst du? – Hiob, mein Hiob, meinst du denn nicht? Wer hat Kinder wie wir?«
Hiob: »Sie feiern zu viel; ein Gastmahl nach dem andern reihum mit Essen und Trinken, Lachen und Tanzen bis in die Nacht. Sie wissen nicht, wie es ist, wenn man das Gut erwerben, zusammenhalten und mehren muß mit hartem Fleiß von früh bis spät. Sie haben alles in Hülle und Fülle und sie genießen es. Fürchtest du nicht auch, Sarah, daß sie leichtfertig werden?«
Sarah: »Sie haben doch genug und übergenug. Sollen sie es denn nicht genießen? Muß alles immer noch mehr werden? Ich sag' es dir offen: als es bei uns in den letzten Jahren mehr und immer mehr wurde, dachte ich manchmal: wohin soll das führen? Ein Tier wächst eine Zeitlang, ein Mensch wächst länger; aber bei beiden ist es schließlich genug. Wachstum ohne Aufhören, ist das nicht Frevel? Ist das nicht gegen alle Natur? Wofür denn? Sei froh, wenn sie genug haben und zufrieden sind, wenn sie sich losgesagt haben von diesem Mehr-mehr-mehr, das die Seele zerstört. Laß sie fröhlich sein! Was ist unser Leben, wenn wir nicht fröhlich sind? Bist du denn nicht fröhlich, mein Hiob?«
Hiob: »Wenn man alles üppig hat, denkt man leicht an nichts anderes mehr. Man vergißt seine Seele und Gott.«
Sarah: »Ist die Gefahr, daß einem der Besitz zum Gott wird, nicht größer, wenn man bis in die Nacht schuftet und noch im Schlaf das Sorgen und Planen nicht zur Ruhe kommt? Ist es nicht gut, wenn man einmal genug haben kann? Vielleicht denkt man dann mehr an die Menschen und an die Natur – in ihrer Schönheit und ihrem Elend. – Unsere Kinder denken aneinander, und sie denken an uns. Schicken sie nicht jedesmal, wenn sie beim Gastmahl zusammen sind, einen Boten mit einem Gruß? Kommen sie nicht immer, wenn die Reihe der Gastmähler beim Jüngsten angekommen ist, zu uns und danken Gott mit Gebet und Opfer?«
Hiob: »Ich lasse sie herbitten. Wenn der Bote des Jüngsten kommt, gebe ich ihm die Einladung mit an alle. Sie können nicht absagen, wenn ihr Vater sie zum Gastmahl lädt. Und bis jetzt machen sie es noch ohne Widerrede

mit, daß das Mahl bei uns ein Opfermahl ist, Sühnopfer für den Fall, daß da einer wäre, der heimlich seinem Gott den Abschied gab.«
Sarah: »Laß deine Sorgen! Sind sie nicht jedesmal dabei? Ich sage dir: sie sind von Herzen dabei, weil nichts Böses ist zwischen ihnen und Gott!«
Hiob: »Mögest du recht haben!«
Da stand Sarah auf, ging um den Tisch zu Hiob hin: »Laß mich auf deinem Schoß sitzen wie vor vierzig Jahren.« Und sie schlang ihre Arme um seinen Hals. Hiob sagte: »Oma und Opa wie ein jung verliebtes Paar! Was werden die Dienerinnen denken, wenn eine uns so sieht?« Doch Sarah lachte: »Ich kann es dir sagen. Ob uns die alte sähe oder die junge, jede würde denken: so möchte ich auch geliebt sein!
Spürst du es auch, Hiob? Die Liebe hört nimmer auf! Es ist, als ob sich alles Gute in einem versammelte, wenn man alt wird.« Hiob sagte vor sich hin: »Wir haben nicht nur Gutes erlebt.« Sarah stimmte ihm zu: »Du hast recht – das Schwere, die durchwachten Nächte, die Enttäuschungen und die Tränen sammeln sich auch. Doch sie verzehren die Liebe nicht. Die Liebe nimmt alles auf und wird dabei stärker und tiefer. Ist es nicht so bei uns, Hiob?« Hiob legte seinen Arm um Sarah: »So ist es bei uns!«

Sie gingen ins Haus, weil der Abend kühl wurde. Sie saßen bei einem Glas Wein, als der erste Bote kam. Er stürzte ins Haus, Gesicht und Gewand mit Staub bedeckt. Keuchend berichtete er: »Die Rinder waren beim Pflügen, die Esel weideten daneben. Da kamen räuberische Sabäer über uns, erschlugen die Knechte und raubten die Tiere. Ich allein bin entkommen, ein Unglücksbote für dich.«
Er redete noch, da kam schon der nächste: »Feuer fiel vom Himmel. Es erschlug die Schafe und die Knechte. Ich allein bin entronnen, um es dir zu berichten.«
Er war noch am Reden, da kam ein anderer herein: »Chaldäer kamen über uns von allen Seiten. In drei Haufen fielen sie über die Kamele her, nahmen sie weg und erschlugen die Knechte mit scharfem Schwert. Ich allein bin davongekommen, um es dir zu berichten.«
Noch redete dieser, da kam schon die schlimmste Botschaft: »Deine Söhne und Töchter aßen und tranken Wein im Haus ihres erstgeborenen Bruders. Da kam ein gewaltiger Wind aus der Wüste; der packte das Haus an allen vier Ecken; es stürzte über die jungen Leute, und sie starben alle. Ich allein bin entronnen, um es dir zu sagen.«

Da stürzte Sarah hinaus, durch das ganze Haus gellte ihr Schrei. Hiob aber stand auf und zerriß sein Gewand. Dem letzten Boten legte er die Hand auf die Schulter: »Geht hinaus, die Magd soll euch zu essen und zu trinken geben und ein Lager für die Nacht bereiten.« Dann nahm er eine Schere und schnitt sein Haupthaar ab und seinen langen Bart. Mit der Linken packte er das Haar. In der Rechten hatte er die Schere und schnitt und schnitt.
Und er warf sich zur Erde und lag dort, stumm und erstarrt. Kein Wort kam von seinen Lippen, kein Schrei, kein Gebet und kein Fluch.

ICH SCHREIE ZU GOTT
(Hiob 1, 21; Psalm 32, 4; 22, 15–16; Hiob 1, 6–12)

Nackt lag Hiob auf der Erde. In seinem Innern stürmten die Gedanken. Sie schlugen über ihm zusammen wie Wasserwogen, rissen ihn hinab.
Aber aus seinem Mund kam kein Laut.
Mein Mund ist verschlossen,
doch meine Seele schreit.
Deine Hand liegt schwer auf mir,
daß mein Saft vertrocknet,
wie das Gras in der Glut der Sonne.
Ich bin hingeschüttet wie Wasser,
meine Glieder lösen sich auf.
Meine Kehle ist trocken wie eine Scherbe,
die Zunge klebt mir am Gaumen.
Wird Sarah mir auch noch genommen?
Sterben? Nichts lieber als das!

Hiobs Lebenskraft war wie aufgelöst. Er war ins Innerste hinein ermattet. Die Gedanken, die ihn da überfielen, waren kein Gebet. Er spürte eine schmerzhafte Sehnsucht, ein Wort zu sprechen, zu Gott, zu einem Menschen oder zu sich selbst. Aber seine Lippen blieben zusammengepreßt. Plötzlich hob er den Kopf. Da war etwas! Jetzt weiß er es: das ganze Haus ist stumm. Sarah hat aufgehört zu schreien. Sie schreit die Totenklage nicht mehr.
Leise öffnete sich die Tür. Die oberste Dienerin kam herein. Als sie Hiob nackt am Boden liegen sah, wandte sie sich ab und ging hinaus.

Dann kam Sarah. Hiob hörte ihren Schritt. Er spürte ihre Hand an seiner Schulter, und er hörte ihre Stimme: »Steh auf, Hiob, da, nimm die Kleider.« Ein Wort war da, ein gesprochenes Wort. Da öffnete sich auch Hiobs Mund. Aus seinem leeren Innern kam es: »Nackt bin ich von meiner Mutter Leib gekommen, nackt werde ich wieder dahinfahren.«
Sarah sprach weiter: »Die Totenklage habe ich geschrien die ganze Nacht. Alle meine Kinder, die aus meinem Schoß kamen, habe ich herausgeschrien aus meiner Seele. Komm, Hiob, wir werden etwas essen, wir werden reden, laß dich nicht ganz zerbrechen.«
Hiob antwortete: »Ich bin ganz zerbrochen.« Sarah sagte: »Gut, daß du

redest. Ich habe meine Seele hinausgeschrien in dieser Nacht. Du hast im Dunkeln deine Seele hinausgeschwiegen. Jetzt redest du wieder.«
Hiob stand auf. Er nahm die Kleider, die Sarah ihm gebracht hatte, und zog sie an. Er setzte sich zu Sarah an den Tisch. Sie sagte: »Mitten in der Totenklage heute nacht kam mir plötzlich jene alte Geschichte in den Sinn. Sie war mir zum Greifen nahe. Ich hörte kein Wort, aber die ganze Geschichte stand im Bild vor mir; ich konnte sie nicht verscheuchen.« »Welche Geschichte?« fragte Hiob. Und Sarah antwortete: »Mein Vater hat sie uns erzählt, als wir Kinder waren. Eine Geschichte wie ein Märchen. Aber ein grauenvolles Märchen.« Hiob schwieg. Da begann Sarah zu erzählen:

Es war einmal ein reicher Mann, reich über alles Maß. Aber er war auch fromm. Er tat Gutes mit seinem Reichtum. Keinen Tag begann er ohne Gebet, und er beschloß keinen Tag, ohne Gott zu danken. – Hiob, ein Mann wie du!
Aber dann hielt Gott im Himmel Thronrat. Alle waren bei ihm versammelt, die Göttersöhne, die Starken, die seine Befehle ausführen. Und auch der Satan war dabei, der Verkläger. Gott fragte ihn: »Wo kommst du her?« Der Satan sagte: »Ach, nur so hin- und hergegangen bin ich auf der Erde. Man muß nicht weit gehen, um Anklagen zu finden gegen die Menschen.« Gott fragte: »Hast du auch auf meinen Knecht Ob geachtet? Es gibt keinen wie ihn: untadelig, tut Gutes, meidet das Böse, – er liebt mich.« »Na ja, liebt dich«, sagte der Satan, »eine einträgliche Liebe! So möchte ich auch einen Gebieter lieben. Reicher als alle ist er, sitzt fett im Glück. Du meinst doch nicht, er liebt dich einfach so? Nimm seinen Reichtum weg, dann wirst du sehen, was noch übrig bleibt von seiner Liebe.«

Wie eine Unbeteiligte hatte Sarah erzählt. Hiob starrte sie an. Daß sie so erzählen konnte! Nach dieser Nacht, nach dem, was gestern war! Aber es war ihm nicht entgangen, daß beim Erzählen ihr Gesicht aschgrau wurde und ihre Seele finster. Jetzt sprang Sarah auf, ging zu Hiob hin, packte ihn am Gewand mit Händen wie Krallen und schrie: »Du kennst die Geschichte! Was sitzt du da und läßt mich erzählen, wie ein Kind, das die Oma nicht unterbricht beim Märchen?! Warum schreist du nicht: Hör auf! Warum schlägst du mich nicht auf den Mund, wenn ich mit dieser Geschichte komme nach dieser Nacht? Du weißt, wie die Geschichte weitergeht! Oder muß ich das auch noch erzählen? Muß ich es dir in die Ohren schreien?« Und sie schrie: »Der Herr sprach, er sei in deiner Hand. Gut, nimm ihm alles weg, Stück für Stück. Dann werden wir sehen.«

Sie krallte sich in Hiobs Gewand: »Hiob, ist das Gott, unser Gott? Ist das dein Gott!? Hiob, wenn das dein Gott ist...«

Er ergriff ihre Arme am Handgelenk, hart zuerst, bis ihre Hände sein Obergewand losließen, zart dann, und er sagte mit leiser Stimme: »Nein Sarah, das ist mein Gott nicht. Das ist unser Gott nicht. Ein Spieler, der mit dem Satan wettet, nur eben so, damit man sieht, wer gewinnt, ein Tyrann, der alles zertritt, ein Chaot, der die Kinder umbringt, nur eben so, damit man sieht, ob er gewinnt oder der Satan, – nein, Sarah, nein« – erst jetzt wurde Hiob lauter: »Der ist mein Gott nicht!

Dunkel ist mir Gott manchmal. Es gibt Dinge in meinem Leben, die sind mir dunkel geblieben bis heute.«

»Ja«, sagte Sarah, »als unser erstes Kind nach einer Woche starb.« »Lang ist das her«, sagte Hiob, »und nicht vergessen bei all dem Glück, das folgte. Aber ich will dir noch etwas sagen, was mir dunkel blieb. Durch all die Jahre hat mich die Frage nicht losgelassen: Warum überschüttet Gott mich mit dieser Fülle des Segens? Warum hat er gerade über uns seinen Himmel aufgerissen und alles Licht auf uns herabgeschickt, warum?« Jetzt flüsterte Hiob nur noch: »Sarah, meine Sarah, laß mich die Geschichte weitererzählen, die du begonnen hast, diese Geschichte, die von Gott so verkehrt spricht, vielleicht redet sie wahr vom Menschen.« Kaum mehr hörbar flüsterte Hiob: »Und der Mann Ob neigte sich zur Erde und betete an und sprach:

Der Herr hat's gegeben,
der Herr hat's genommen.
Der Name des Herrn sei gelobt.«

Den Schluß konnte Sarah nicht mehr mit den Ohren hören. Aber ihre Seele vernahm ihn. Und ihr ganzer Leib spürte, wie Hiob sie fest in die Arme nahm. Dann ließ er sie los und ging ein paar Schritte weg, dorthin, wo er in der Nacht gelegen hatte. Und Hiob ging auf die Knie und beugte sich zur Erde hinab. Seine Stirn berührte den Fußboden.

HIOBS KRANKHEIT
(Hiob 2, 7–10)

In der folgenden Zeit wurde Hiob krank. Auf seiner Haut zeigten sich rote Flecken. Dann bildeten sich da und dort Geschwüre, kleine zuerst, aber sie heilten nicht ab, sondern wurden größer.
Hiob ließ den Arzt rufen. Der schaute sich die Geschwüre schweigend an. Behutsam tastete er um sie herum die Haut ab. Dann sagte er: »Ich bin noch nicht sicher.« Er ließ eine Salbe da, die sollte man ihm überall dort auftragen, wo Geschwüre waren, oder Anzeichen, daß sich eines bilden könnte. Die Magd, die ihn versorgt, solle sich jedesmal gründlich waschen, wenn sie Hiob berührt habe. Es könne ansteckend sein. Der Arzt versprach, wiederzukommen.

Sarah wollte anfangen, ihm die Salbe aufzutragen. Aber Hiob schaute sie besorgt an und sagte: »Ruf die oberste Magd, sie ist erfahren in der Versorgung von Kranken.« Aber Sarah sagte nur: »Ich bin auch erfahren.« Tag für Tag trug sie vorsichtig die Salbe auf und massierte sie behutsam ein, wo die Haut gerötet war. Aber es half nichts. Immer mehr Geschwüre bildeten sich. Einige von ihnen brachen auf. Eine übelriechende Flüssigkeit kam heraus. Dann bildeten sich braune Krusten. Sogar hinten auf der Zunge bekam er ein solches Geschwür. Als es größer wurde, hatte Hiob Mühe beim Atmen. Als es aufbrach, kam ein ekelerregender Gestank aus seinem Mund.

Der Arzt kam wieder. Diesmal machte er keine lange Untersuchung. Er sagte nur: »Aussatz!« Das war es, was Hiob und seine Frau befürchtet hatten. Sie wußten: ein Aussätziger durfte nicht mit anderen zusammen wohnen, weil die Krankheit sehr ansteckend war.
»Ich gehe«, sagte Hiob. »Bleib da«, sagte seine Frau. »Wir wohnen doch nicht mitten unter den anderen. Unser großer Garten liegt zwischen uns und den Nachbarn. Du kannst im Haus bleiben. Niemand braucht dich zu sehen.« Aber Hiob stand auf. »Der Aussätzige verläßt die menschliche Gemeinschaft. Dies ist das Gebot. Du kannst mich nicht hindern, das Gebot zu erfüllen.« Er ging zur Hintertür hinaus. An der äußersten Grenze seines Grundstücks stand eine kleine Hütte. Darin hatten früher die Kinder gespielt. ‚Es ist unser Lager', hatten sie gesagt. Allerlei Gerümpel war da drin. Hinter der Hütte lag ein Haufen Asche. Dorthin schüttete der Hausknecht die Asche vom Ofen. Hiob ging darauf zu. Er nahm eine Handvoll Asche und streute

sie auf sein Haupt, wie die Trauernden taten, wenn ihnen ein naher Angehöriger gestorben war. Dann setzte er sich in die Asche. Als seine Frau, die ihm gefolgt war, das sah, lief sie erschrocken ins Haus zurück.
Der Hausknecht und eine Magd kamen, um die Hütte neu einzuräumen. Als sie herantraten, rief Hiob: »Unrein, unrein!« Bestürzt fuhren sie zurück und schauten einander an. Schnell hatten sie die Hütte ausgeräumt und für die Nacht hergerichtet, damit Hiob dort schlafen konnte.

Sarah kam jeden Tag und brachte ihm das Essen. Am ersten Tag merkte sie, daß Hiob noch immer auf dem Aschenhaufen saß. Das Lager in der Hütte war unbenutzt, das Wasser, das sie ihm zum Waschen hergestellt hatte, unberührt. Sarah sagte: »Ich habe das Haus aufgeteilt. Wir beide können oben wohnen in den Zimmern der Kinder. Die Bediensteten bleiben unten. So gibt es keine Berührung, niemand kann sich anstecken. Komm zurück!« Aber Hiob sah sie mit leeren Augen an und sprach kein Wort.

Tag für Tag kam Sarah zu ihm heraus. Kein Essen und kein Wasser ließ sie von der Magd bringen. Jedesmal versuchte sie, mit Hiob zu sprechen. Aber er blieb stumm. Sieben Tage ging das so. Als sie am siebenten Tag kam, trug sie Trauerkleider. Sie hatte Asche auf ihr Haupt gestreut. Ihre Hände waren leer. Sie hatte nichts zu essen mitgebracht. Hiob starrte sie an. Und Sarah schrie: »Hältst du noch fest an deiner Frömmigkeit? Hältst du noch fest an deinem Gott, diesem Gott? Verfluche ihn, wie ich ihn diese Nacht verflucht habe! Gib ihm den Abschied und stirb!« Dann wandte sie sich ab.
Da redete Hiob, und seine Stimme kam wie aus einem Grab: »Töricht redest du, wie eine Frau, die sich von ihren Gefühlen beherrschen läßt.« Leise sagte er: »Gott den Abschied geben!« Und dann etwas lauter: »Gibst du mir den Abschied? Ja, laß dies heute deinen Abschied von mir sein. Schau mich an. Kein Mensch bin ich, nur noch ein Haufen stinkendes Fleisch. Jeder, der mich von ferne sieht, wendet sich voller Ekel von mir ab.«
Sarah drehte sich um und kam langsam auf ihn zu. Sie warf ihr Schultertuch ab, entblößte Arme und Schultern. Dann ging sie zu Hiob hin, der auf dem Aschenhaufen saß. Sie kniete vor ihm nieder und schlang ihre Arme um seinen Hals. Entsetzt beugte sich Hiob zurück. Sie aber hielt ihn fest und sagte: »Nein, das ist nicht mein Abschied von dir. Mögen sich alle von dir abwenden, Menschen und Gott, ich nicht. Ich liebe dich, Hiob, ich werde dich immer lieben.«
Zart schob er sie von sich weg. Sie sah, wie Tränen aus seinen Augen kamen, zum ersten Mal, seit er hier draußen war, sah sie bei ihm Tränen.

Und er sagte: »Du erkennst mich bis auf den Grund meiner Seele. Haben wir das Gute von Gott empfangen und sollten das Böse nicht auch annehmen?« Und er flüsterte: »Ich werde ihn immer lieben. Jetzt weiß ich, daß du mich darin verstehst.«

Mit einem Ruck hob er den Kopf: »Geh, wasch dich. Die Magd soll dich bürsten, überall, wo du mich berührt hast. Es ist uns nicht geholfen, dir nicht und mir nicht, wenn du meinen Aussatz auch bekommst.«

Da ging Sarah ins Haus zurück. Und Hiob sprach vor sich hin: »Ich bin ihr nicht ekelhaft. ER ist mir nicht ekelhaft.«

FREUNDE IN DER NOT
(Hiob 2, 11–7, 21)

Drei Freunde in der Ferne hörten von Hiobs Unglück. Überallhin hatte sich die Nachricht verbreitet, wie man vorher überall von Hiobs sagenhaftem Reichtum und von seiner tiefen Frömmigkeit erzählt hatte. Sie sandten Boten, einer zum andern und vereinbarten Ort und Zeit, da sie sich treffen wollten, um gemeinsam ihrem Freund Trost zu bringen durch ihre Nähe und durch ihre Worte. So kamen sie miteinander, Elifas aus Teman, Bildad aus Schuach und Zofar aus Naama.

Als sie Hiobs Haus betraten, sahen sie Sarah im Trauergewand. Sie trug es seit jenem Tag, als sie nach Hiobs langem Schweigen zu ihm gesagt hatte: »Gib Gott den Abschied und stirb.« Damals war sie zu ihm hinausgegangen wie zu einem Toten. Aber sie war tief getröstet ins Haus zurückgekehrt, weil sie erfahren hatte: Hiobs Liebe zu Gott ist wie meine Liebe zu ihm. Da wollte sie ständig diese Kleider tragen, an denen diese Erfahrung haftete. Und in ihrem Innern keimte eine Hoffnung. Sie konnte noch nicht fassen, was da in ihr wachsen wollte. Sie konnte erst recht nicht darüber sprechen. Da gab es keine Worte. Die Augen sahen nur Tod. Auch deshalb behielt sie diese Kleider an, mit denen man einen Toten betrauerte. Aber wenn sie so zu Hiob hinausging, spürte sie es: da ist etwas in mir, da ist etwas zwischen uns, das geht über alles Sterben hinaus. Und es war merkwürdig, – kein einziges Mal sprach Hiob sie auf ihr Trauergewand an. Es war, als spüre er es auch, wenn er sie ansah und dann schwieg.

Auch die Freunde, als sie ins Haus kamen, nahmen sofort wahr, daß Sarah mit dem Gewand der Totentrauer bekleidet war. Sie fragten aber nichts. Sarah ging mit ihnen hinter das Haus. Sie deutete mit ausgestrecktem Arm dorthin, wo die Hütte war. Gemeinsam gingen sie auf Hiob zu.
Die Freunde erschraken, als sie ihn sahen. Da war nichts mehr von dem Hiob, den sie kannten. Nichts mehr von der großen, aufrechten Gestalt, der würdigen Kleidung, dem gepflegten Äußeren. Sie sahen einen in sich zusammengesunkenen Menschen, einen Haufen Elend auf einem Haufen Unrat. Da schrien sie auf und weinten laut. Jeder zerriß sein Gewand. Sie beugten sich zur Erde, nahmen Hände voll Staub und warfen diesen über sich zum Himmel, so daß sie eingehüllt waren in eine Wolke aus Staub, wie man damals seinem Entsetzen und seinem Schmerz Ausdruck gab. Erst jetzt

gingen die drei näher zu Hiob hin. Sarah kehrte zurück ins Haus. Wortlos setzten sich die Freunde in Hiobs Nähe. Sie saßen bei ihm auf der Erde sieben Tage und sieben Nächte. Keiner sprach ein Wort. Der Trost, den sie bringen konnten, lag nur darin, daß sie da waren. Aber das war nicht wenig. Die volle Zeit hielten alle das Schweigen durch, auch Hiob, sieben Tage.

Sarah schickte in dieser Zeit die oberste Dienerin hinaus, den Männern etwas zu essen zu bringen. Aber die ersten drei Tage aßen sie nichts. Die Dienerin erzählte Sarah, daß die Männer fasten und schweigen. »Ist es nicht unmenschlich?« fragte sie. »Haben sie kein Wort für unseren Herrn? So weit sind sie hergereist und haben kein Wort des Trostes. Freunde wollen sie sein und sitzen da und schweigen! Ich halte das nicht aus. Ich stelle ihnen das Essen hin und fliehe.« Doch Sarah antwortete: »Laß sie fasten und schweigen. Wie sollen sie mit Worten trösten? Da gibt es kein Trostwort. Wenn sie wirklich seine Freunde sind, dann wird im Fasten die Kraft der Gedanken, mit denen sie ihn umgeben, stärker.« Vom vierten Tag an nahmen die Freunde ein wenig Nahrung zu sich. So saßen sie mit Hiob zusammen, sieben Tage und sieben Nächte. Als die sieben Tage vollendet waren, ging Sarah selber hinaus. Sie brachte ihnen reichlich zu essen. Und Hiob aß mehr als gewöhnlich. Langsam aß er, als sei es heilige Speise. Als Sarah dies sah, blieb sie in der Nähe stehen, unter einem Baum.

Hiobs Klage

Und Hiob begann zu reden. Es war, als ob das lange Schweigen die Worte in ihm angestaut hätte. Jetzt brach der Damm. Wie ein Strom ergoß sich Hiobs Klage. Er verfluchte sein Leben:

Ausgelöscht sei der Tag, an dem ich geboren wurde,
ausgelöscht die Nacht,
in der meine Mutter mich empfing.
Gott soll ihn vergessen, er tilge ihn,
er frage nicht mehr nach ihm.
Ins Nichts gestoßen werde der Beginn meiner Tage,
Finsternis verschlinge ihn.

Warum starb ich nicht vom Mutterschoß weg?
Wozu die Brüste, die mir Nahrung gaben?

Wozu die Mutterliebe,
die mich verführte, dem Leben zu vertrauen?
Wozu die Hand des Vaters, der mich leitete,
hinein in ein verfluchtes Leben?
Ach, wäre ich doch
wie eine verscharrte Fehlgeburt – nichts!
Wäre ich im Lande des Todes,
wo alles ins Nichts gestoßen ist.
Die Herrlichkeit der Könige – nichts.
Die Macht der Gewaltigen – nichts.
Die Sklaverei der Gefangenen – aufgelöst in nichts.
Oh, selig das Nichts!

Warum gibt er dem Elenden Licht?
Gibt Leben dem Verbitterten – warum?
Sie warten auf den Tod, – und er kommt nicht.
Wozu dem Manne Licht, der keinen Weg mehr sieht,
weil Gott ihn eingesperrt von allen Seiten.
Ach! Mein Stöhnen ist mein Brot,
mein Schrei ist mein Wasser;
nicht Frieden, nicht Ruhe, nur Qual.

Sarah stand und hörte jedes Wort, das Hiob sprach. Sie nahm die Worte in sich auf, atmete sie ein. Langsam ging sie ins Haus zurück. In ihrer Kammer beugte sie sich tief zur Erde: »Gott, ich danke dir! Ja, laß ihn schreien. Seine laute Klage war mir Trost.«

Elifas antwortet

Als Hiob seine Klage vollendet hatte, beugten sich die drei Freunde tief zur Erde. Mit der Stirn am Boden verharrten sie eine Zeitlang. Als sie sich wieder aufrichteten, erhob sich Elifas von Teman. Sarah war zurückgekehrt; sie stand unter dem Baum. Und Elifas begann zu sprechen:
»Entschuldige bitte, wenn ich mir erlaube, dir ein Wort zu sagen, auch wenn du vielleicht meinst, es sei jetzt nicht der richtige Zeitpunkt. Ich kann sehr wohl nachempfinden, wie elend du dich fühlst. Auch deine eigenen, verzweifelten Worte haben dich erschöpft. Es kann sein, daß du meine Worte nicht akzeptieren wirst, aber ich muß reden. Oder meinst du, ich, der

Ältere, könne schweigen zu dem, was du gesagt hast? Ich darf dich zuerst einmal daran erinnern, wie vielen unglücklichen Menschen du selber schon geholfen hast. Ja, als echter Lehrer der Weisheit hast du sie unterwiesen. Du hast sie gelehrt, ihr Leid richtig zu verstehen. Und mag ihnen auch dein Wort zuerst hart erschienen sein, es hat ihnen geholfen, denn die Wahrheit hilft immer. Aufgerichtet hat es solche, die ganz am Boden waren. Erschlaffte Hände hast du gestärkt, wankende Knie fest gemacht. Ja, du hast denen Mut gegeben, die in großer Angst meinten, keinen Schritt mehr gehen zu können. Ein solcher Helfer warst du für andere!

Jetzt aber – entschuldige, es mag hart klingen – jetzt, wo es über dich selber kommt, bist du verstört. Ich begreife das nicht. Soll denn alles, was du anderen gesagt hast, für dich selbst nicht gelten? Kamen denn deine tröstenden, aufrichtenden Worte nur aus dir? Waren es nicht Worte von Gott, die du ihnen sagtest? Und jetzt hältst du dich selber nicht daran. Es ist unbegreiflich!

Bedenk doch, ruf dir ins Gedächtnis, was jeder weiß: Keiner kommt um, wenn er nicht Schuld auf sich geladen hat. Wer fromm und ehrlich lebt, den läßt Gott nicht im Stich. Der beste Beweis dafür ist der Untergang der Gottlosen. Wohin ich schaue, überall gilt: Was der Mensch sät, das erntet er auch. Wer Unrecht tut, der wird von Gott bestraft. Wie der heiße Wüstenwind die Blumen verdorren läßt, so läßt Gott die Bösen zugrunde gehen. Sie schwinden dahin durch seinen Zorn. Stolze reißt er herunter. Mächtige stürzt er von ihrem Thron. So ist es.«

Tief atmete Elifas auf. Die beiden anderen Freunde blickten zu ihm hin und nickten zustimmend. Jetzt trat Elifas drei Schritte vor, auf Hiob zu. Er legte beide Hände vor die Brust und sprach leise, mit geschlossenen Augen. Sarah lauschte.

»Ich habe ein Wort zu sagen. Es ist nicht mein Wort. Heimlich kam es zu mir in der Nacht. Ins Ohr geflüstert vernahm ich es, noch ehe du deine Klage sprachst, als wir still saßen im Dunkeln. Da versetzte ER mich in einen Zustand des Vernehmens. Ich spürte den eigenen Körper nicht mehr, mein Atem stand still. Ich wurde in etwas hineingezogen und konnte nichts dazu oder dagegen tun. Es war nicht Schlaf, ich war noch nie so wach. Und da kam es.

Ein Zittern kam über mich, das meine ganze Seele erbeben ließ. Meine Glieder waren starr. Ein Hauch streifte mein Gesicht, so daß sich alle Haare meines Leibes sträubten. Eine Gestalt war vor mir, ohne daß ich ihr Aussehen erkennen konnte. Und ich hörte es flüstern: Groß ist Gott. Kein Geschöpf hat einen Anspruch vor ihm. Ist denn irgendein Mensch vor Gott gerecht

und rein? Kaum ist er da, wird er zerdrückt wie eine Motte. Wie eine Eintagsfliege kommt er und geht dahin ohne Wiederkehr. Wie ein Zelt, dem man die Pflöcke ausreißt, in sich zusammenbricht, so stirbt der Mensch, er weiß nicht wie.«
Dann blickte Elifas von Teman wieder auf. Er blickte Hiob gerade ins Gesicht. Und seine Stimme ließ das Flüstern hinter sich; fast bekam sie einen drohenden Klang: »Schrei nicht! Mach dich nicht zum Narren. Ich sage dir: Keiner wird dir helfen, wenn du dein Elend hinausschreist wie ein Dummkopf. Deine laute Klage ist zwecklos. Und sie ist gefährlich. Am Hader gegen Gott kommen die Narren um. Ich habe selbst einen gesehen, der sich gegen sein Unglück auflehnte. Plötzlich war er dahin und riß noch seine Kinder mit ins Verderben. Ich an deiner Stelle würde mich demütig an Gott wenden. Ihm würde ich meine Sache vortragen. Er tut Wunder, die niemand versteht, läßt Regen fallen auf die durstige Erde. Niedrige hebt er aus dem Staub auf, Trauernde macht er fröhlich. Aber den, der selber klug sein will, läßt Gott umkommen. Im Netz der eigenen Gedanken verfängt er sich.
Ja, Gott schlägt Wunden, aber er heilt auch. Darum wehre dich nicht gegen die Erziehung des Allmächtigen. Selig ist der Mann, den Gott zurechtweist. Beuge dich unter ihn und er wird dich retten.
Mein Freund, was ich dir sage, kommt aus Erfahrung. Von den Weisen haben wir es gehört. Selber haben wir es erforscht. Also sei nicht störrisch; laß es dir sagen! Nimm es an!«
So beendete Elifas von Teman, der Älteste unter den Freunden Hiobs, seine Rede.

Sarah war ganz in sich zusammengesunken. Gebeugt ging sie ins Haus zurück. Hanna erwartete sie an der Tür und führte sie hinein. Sie spürte, wie Sarah zitterte, am ganzen Leib. Dann begann Sarah zu reden, leise, kalt: »Elifas hat gesprochen, Elifas, der Tröster. Ha, Trost! – Wie schön konntest du andere trösten, hielt er Hiob vor. Und jetzt, wo es über dich selber kommt, machst du schlapp. Und dann seine Weisheit, seine Sprüche: Keiner kommt schuldlos um. Wer fromm und ehrlich ist, den läßt Gott nicht im Stich. Und er gab sogar noch eine spezielle Offenbarung zum Besten: Gott ist groß, der Mensch ist gar nichts; wie eine Motte ist er, wie eine Eintagsfliege.« – Sarah schwieg. Sie preßte die Lippen zusammen. Tränen liefen ihr über die Wangen.
Hanna sagte halblaut vor sich hin: »Oh Männer! Oh fromme Männer! Die Lehre muß stimmen, und wenn dabei der Mensch draufgeht!« Sie legte

ihren Arm um Sarahs Schultern: »Ja, weine Herrin, weine!« Mit einem Ruck wendete Sarah den Kopf und blickte Hanna an: »Herrin? Was soll der Unsinn? Wann mußtest du je Herrin zu mir sagen? Waren wir nicht wie Schwestern? Willst du jetzt, im Unglück, mehr Abstand?« Da nahm Hanna sie in ihre Arme. Sarah flüsterte: »Als Hiob klagte, als er seine Verzweiflung hinausschrie, da wurde mein Herz leicht. Da dankte ich Gott. Jetzt, durch diese kalten Worte der Lehre ist meine Seele vertrocknet. Der Himmel ist mir verschlossen. Kein Gebet steigt auf!«

Fest hielt Hanna sie und sagte mit klarer Stimme: »Warum, meine Schwester, warum? Was kümmern dich die Worte dieser Frommen? Laß sie doch ihren kalten Unsinn reden!« Sarah entgegnete: »Es geht nicht um mich. Elifas hat ja auch nicht zu mir gesprochen, sondern zu Hiob. Daß dies sein Trost sein soll für den Freund, der so elend ist, das kann ich nicht ertragen.« Da sagte Hanna: »Mach dir nicht solchen Kummer. Unser Herr ist anders. Hiob liebt Gott. Geh wieder zu ihm hinaus, wenn du Kraft hast. Sei in seiner Nähe. Ich habe das Essen bereitet. Soll ich es ihnen bringen?« »Nein«, sagte Sarah, »ich bringe es selbst.«

Hiob bittet

Als Sarah den Männern das Essen brachte, nahmen sie schweigend davon. Die drei Gäste saßen beisammen, im nötigen Abstand von Hiob. Am ersten Tag hatte Sarah sie ins Haus gebeten, zum Mahl. Aber sie wollten bei ihrem Freund bleiben. Als sie gegessen hatten, begann Hiob zu reden:

»Ach, wer legt mein Leid auf die Waage?
Er würde erkennen, daß es überschwer ist,
schwerer, als aller Sand am Meeresufer.
Stecken nicht Gottes Pfeile in mir?
Oh Freunde, würdet ihr doch meine Last spüren!
Die rechte Lehre, sie hat keinen Raum;
das weise Wort, es heilt nicht meine Wunde.
Ach, schnitte doch Gott den Lebensfaden mir ab!
Küssen würde ich seine Hand,
einmal noch täte sie mir Gutes.
Denn da ist keine Hoffnung mehr.
Meine Brüder, trügerisch seid ihr,
wie ein Bach, der in Hitze versiegt.

Verlange ich zu viel von euch?
Müßt ihr mich loskaufen mit eurem Vermögen?
Rede ich meine Verzweiflung in den Wind?
Habt die Güte, wendet euch mir zu!

Was ist der Mensch? Ein Sklave im Frondienst!
Er sehnt sich nach dem Schatten des Abends.
Mir aber ist das harte Los auferlegt ohne Ruhe.
Am Abend sehne ich den Morgen herbei,
das Ende der Nacht.
Und am Morgen ist doch nur neue Qual.
Mein Fleisch verfault,
es brennt und schmerzt, es eitert und stinkt.
Bei lebendigem Leib werde ich von Maden gefressen,
ohne Hoffnung.
Gott, gedenke meiner!
Nein, ich verschließe meinen Mund nicht.
Ich schreie meine Klage hinaus.
Warum sperrst du mich ein?
Warum mauerst du mich ringsum zu?
Laß ab von mir!
Warum erwürgt mich nicht einer? Das wäre besser.
Was ist der Mensch, daß du ihn so bedrängst?
Bist du mein Freund?
Warum machst du zur Zielscheibe mich
für deine Pfeile?«

LEIDIGE TRÖSTER
(Hiob 8–14)

Sarah stand unter dem Baum. Sie hörte, wie Bildad redete und Hiob antwortete, wie dann Zofar redete und Hiob wieder antwortete. Es war schwer für sie, die Reden der Männer zu ertragen. Einmischen konnte sie sich nicht. Aber sie zwang sich, alles anzuhören, weil sie in Hiobs Nähe bleiben wollte – obwohl sie dachte, wenn sie ihn reden hörte: Er spürt meine Nähe nicht; da sind nur die Männer, die Lehrer, mit ihren klugen und harten Worten. Sie hatte gehofft, wenn die Freunde bei ihm sind, werde Hiob Trost empfangen. Aber das, was sie aus ihrem Mund zu hören bekam, war kein Trost.

Sie hörte, wie Bildad anfing: »Wie lange willst du eigentlich noch so daherreden? Nichts als Wind sind deine Worte.« Das traf Sarah wie der Hieb einer Peitsche. Kann man denn einem Menschen, der so im Elend ist, verbieten, daß er klagt? Und dann trug Bildad die theologisch korrekte Lehre vor, daß alles in der Welt der von Gott gefügten Ordnung folge: »Wie das Gras aufwächst und bald wieder welkt, so vergeht der Gottlose, seine Hoffnung wird zunichte. Gott vertilgt ihn.« Das sollte doch wohl nicht eine Spitze gegen Hiob sein? Dann sagte es Bildad noch direkter: »Wenn du Gott mit Eifer suchst, wenn du rein bist und recht, dann wendet er sich dir zu. Gott beugt das Recht nicht.« – Das mußte doch heißen: Wenn es einem Menschen so geht wie dir, dann liegt Schuld vor, und sein Elend ist Gottes Strafe. Konnte denn so ein Freund reden?

Aber auch Hiobs eigene Worte waren für Sarah kein Trost. Ihr war dieser Gott der Lehrer, von dem auch Hiob redete, fremd. Sie hörte Hiob sagen: »Wahrhaftig, ich weiß es, kein Mensch ist vor Gott gerecht. Wenn einer mit Gott rechten will, nicht auf eins von tausend kann er ihm Rede stehen. Auch wenn ich im Recht wäre, ich könnte ihm nichts entgegnen, nur um Gnade flehen. Ich glaube nicht, daß er auf meine Stimme hört.« Und dann sagte Hiob voller Bitterkeit: »Schuldlos bin ich. Aber ER bringt Schuldige wie Unschuldige um! Ich weiß, ich muß nun einmal schuldig sein. Und wenn ich mich mit Schnee wasche, du tauchst mich in den Kot, daß alle sich vor mir ekeln.«

Und doch raffte er sich wieder auf: »Ach, gäbe es zwischen uns einen Schlichter! Laß mich doch wissen, warum du so gegen mich bist! Sprich mich nicht schuldig, laß ab von mir!« Und, ganz in sich zusammengesunken: »Warum nur hast du mich aus dem Mutterschoß hervorkommen lassen?«

Dann sprach Zofar, auch so ein Freund. Er nannte Hiob einen Maulhelden, sein Reden Geschwätz und Spott. Er sagte: »Oh, daß doch Gott selber spräche!« Da horchte Sarah auf. Ja, dachte sie, dann wäre alles anders. Wenn Gott selber spräche, müßten sie verstummen mit ihrer kalten Lehre. Hiob würde Worte der Liebe vernehmen.
Aber Zofar hatte es ganz anders im Sinn. Er sagte: »Wenn Gott selber spräche, er würde dich Weisheit lehren. Du müßtest zugeben, daß er dich zur Rechenschaft zieht wegen deiner Schuld.« Und er mahnte Hiob: »Bring dein Herz in Ordnung! Laß nicht Schlechtigkeit in deinem Haus wohnen. Wenn Unrecht an deinen Händen klebt, entferne es! Dann wird dein Leben hell wie die Sonne am Mittag. Aber den Frevler läßt Gott verschmachten.«

Und Hiob wurde nun in seiner Antwort auch scharf:
»Wahrhaftig, ihr seid besondere Leute. Mit euch stirbt die Weisheit aus!« Und er nannte sie unfähige Ärzte, Quacksalber.
Dann sagte Hiob: »Ich aber will zum Allmächtigen reden. Ihn rufe ich an, daß er mich hört. Ja, ich habe den Wunsch, mit Gott in eine Verhandlung einzutreten.« Und er richtete Fragen an Gott: »Warum verbirgst du dein Angesicht? Warum siehst du mich als deinen Feind an? Wieviel Sünde und Schuld habe ich denn? Sag mir meine Vergehen!«
Aber am Ende seiner Rede versank Hiob wieder ganz in Hoffnungslosigkeit: »Der Mensch, vom Weibe geboren, lebt nur kurze Tage und ist voller Unruhe. Er blüht auf wie eine Blume und verwelkt. Wenn er sich hinlegt, steht er nicht mehr auf. Es ist aus mit ihm.«

Sarah war ganz ausgebrannt. Konnte sie denn gar nichts tun? Zu reden vermochte sie nicht. Einer Frau war es nicht erlaubt, sich einzumischen in das Lehrgespräch der Männer. Sie hätte sich über dieses Verbot hinwegsetzen können, in einer solchen Situation. Aber sie hatte keine Worte für diese Männer, nicht einmal für Hiob. Ihr Mund war verschlossen.
Sie nahm etwas zu essen, Brot und Früchte. Allen reichte sie davon, den Gästen zuerst, wie es die Sitte vorschrieb, dann Hiob. Sie schaute ihn an, doch er senkte den Blick. Da ging sie traurig ins Haus.

Hanna erwartete sie: »Du bist lange draußen geblieben!« Sarah antwortete: »Ich konnte nicht eher gehen. Alle haben jetzt gesprochen, und jedesmal

antwortete Hiob.« Hanna fragte: »Wie können sie das nur, reden, reden, wie im Lehrhaus? Und wie hält Hiob das durch?«
Sarah sagte zu ihr: »Du weißt nicht, was ihm die rechte Lehre bedeutet. Als die Freunde kamen, dachte ich zuerst: Es ist gut, wenn sie mit Hiob sprechen, anders, als wir Frauen das können. Seit ich ihn kenne, wollte er immer alles mit seinen Gedanken verstehen. Alles, was wir miteinander erlebten, mußte er in Einklang bringen mit seiner Lehre von Gott. Er sagte: Die rechte Lehre ist wie ein Haus, in dem man wohnt. Ich weiß, wir können Gott nicht hereinzwingen in unsere Gedanken. Aber der Mensch muß Fragen stellen und Antwort suchen. Und wer an Gott glaubt, der muß in seinen Fragen und Antworten Gott zusammenbringen mit all den Erfahrungen und Aufgaben unseres Lebens. Gehört nicht das Denken zu den besten Gaben, die Gott uns gegeben hat? Wie könnten wir die uns anvertraute Welt gestalten, ohne die rechte Lehre? Wie könnten wir ohne sie das eigene Leben verantwortlich führen? so fragte Hiob. Er ist da anders als ich. Er ist ein Mann. Ich konnte es schon verstehen, daß er alles im Kopf zur Klarheit bringen muß. Mir aber waren diese Fragen und diese Antworten oft nicht so wichtig. Manchmal kam mir das spitzfindig vor. Ich bin eine Frau. Mir war es wichtiger, Gott zu spüren. Im Glück habe ich ihn in mir gespürt, dann war mein ganzer Leib voller Dank. Da war ich Gott nahe, wie ich Hiob nahe war, wenn er mich in seine Arme nahm. Und wenn Unglück da war, wenn ich mich elend fühlte und Gottes Nähe nicht mehr spürte, dann mußte ich schreien, ihn herrufen. Da ging es nicht um Erklärungen. Nein, es ging darum, daß er wieder bei mir war. Und manchmal erfuhr ich es. Ich spürte mitten in der Qual seine neue Nähe. Dann war alles gut, auch wenn man äußerlich noch keine Wende sah. Ich brauche die Erfahrung der Gemeinschaft. Und ich glaube, Hiob braucht sie auch. Aber er muß auch die Klarheit der Gedanken haben. Wenn er früher mit Freunden zusammensaß, die große Lehrer waren wie er, und sie redeten miteinander Stunde um Stunde, so daß er erfuhr, wie das ganze Leben zusammenkam mit seinem Glauben an Gott – da war er im Glück. Aber jetzt ist er im Unglück. Die Lehre seiner Freunde bringt ihm keinen Trost, und seine eigenen Gedanken und Worte auch nicht. Sie machen ihn nur immer verzweifelter.«

Hanna fragte: »Hatten sie Streit miteinander?«
Sarah: »Das auch. Sie wollen ihm verbieten, so zu reden, wie es aus ihm herausbricht in seinem Unglück. Bildad nannte seine Worte ‚nichts als Wind' und sagte ihm, er solle aufhören. Zofar nannte ihn gar einen Maulhelden.« Hanna ereiferte sich: »Das hält man ja nicht für möglich! Soll ich

hinausgehen und sie wegschicken? Sie sollen sich zum Teufel scheren, wenn sie sonst nichts wissen.«

Doch Sarah sagte: »Laß nur. Früher kamen sie auch manchmal hintereinander. Wenn ich sie vom Nebenzimmer aus hörte, kam es mir vor, als hätten sie den dicksten Streit. Und nachher waren alle zufrieden.« Hanna fragte: »Wenn große Lehrer streiten, dann ist das also so, wie wenn kleine Jungen miteinander kämpfen, um zu sehen, wer stärker ist?« Sarah lächelte: »So etwas darf man ihnen natürlich nicht sagen.« Doch dann wurde sie ernst: »Ich merke es, diesmal ist alles anders. Diese Lehre ist kein Haus, in dem man wohnen kann. Die Worte der Freunde passen nicht zu Hiobs Elend. Und er selbst redet sich nur immer tiefer hinein in seine Qual.«

Sarah schaute Hanna an: »Sag mal, Hanna, glaubst du das, daß Gott die Guten belohnt und die Bösen bestraft?« »Es wird ja wohl so sein«, zischte Hanna. Sarah legte ihr die Hand auf die Schulter: »So haben wir es doch gelernt von Kind auf, sag ehrlich, glaubst du das?« Jetzt schaute Hanna ihr offen ins Gesicht und sagte: »Eine bequeme Lehre ist das für die Reichen, die alles haben. Die können sich dann auch noch in dem Gefühl ausruhen, wie gut sie sind, und daß sie das verdient haben, und daß es nur der gerechte Lohn Gottes dafür ist, daß sie so tüchtig sind und so fromm. Und die Armen, die Hungerleider, die müssen dann auch noch schlecht sein. Ihr Elend muß auch noch Gottes gerechte Strafe sein. Man gibt ihnen noch eins drauf in ihrem Unglück. Nein, Sarah, wenn du mich schon bittest, ehrlich zu sein, an diesen ‚Reiche-Leute-Gott' hab ich noch nie geglaubt. Eine solche Vorstellung von Gott ist bestimmt nicht in den Köpfen der Armen gewachsen.«

Sarah sagte: »So hab' ich das noch nie gesehen. Ich hab' das als Kind gelernt und nicht weiter darüber nachgedacht. Und wenn Hiob früher darüber redete, klang es ganz anders. Er meinte: Laß uns den anderen helfen, daß sie gut sein können und teilhaben am Segen Gottes. Laß uns gegen das Böse kämpfen, bei uns selbst und bei anderen, sonst breitet sich das Böse aus und wir verderben unsere Welt.«

Ja, so konnte Sarah diese Vergeltungslehre verstehen. Aber was sie von Hiobs Freunden gehört hatte, das bohrte sich als starker Schmerz in ihr Inneres. Es war, wie Hanna gesagt hatte. Da mußte der Elende in seinem Unglück auch noch böse sein. Hiob mußte schuldig sein – und er war doch der beste Mensch, den es gab.

Sarah berichtete Hanna: »Die sagen zu Hiob: Beuge dich unter Gott, dann wird er dir gnädig sein.« »Beuge dich, beuge dich« wiederholte Hanna,

»natürlich, ihr Gott ist ein solcher Herr, wie sie Herren sind. Beugen müssen sich die Untergebenen! Entschuldige, ich meine nicht euch. Hiob war nicht so. Deshalb bin ich ja auch in eurem Haus geblieben, schon mehr als vierzig Jahre.«

Sarah sagte: »Schuld und Strafe, Schuld und Strafe! Denken wir eigentlich nicht im Grunde alle so? Wenn uns Unglück trifft, dann fragen wir: Warum trifft es gerade mich? Womit habe ich das verdient? Auch Hiob denkt so. Das ist es ja, worüber er nicht hinwegkommt. Er ist überzeugt, daß er dieses Unglück nicht verdient hat, und doch hat es ihn getroffen.« Tief seufzte Hanna auf.

Und Sarah ließ nicht locker. Noch nie hatten sie Gedanken der Lehre dermaßen beschäftigt. Aber jetzt erlebte sie, wie diese Lehren das Leben Hiobs vollends zerstörten. Sie fragte: »Sag Hanna, glaubst du nicht, daß alles von Gott kommt?« Hanna wurde es langsam zu viel. Sie antwortete ein wenig schnippisch: »Wie sollte ich einen solchen Unsinn glauben? Komm, Sarah, leg dich ein wenig hin. Ich mach' dir einen Tee. Der kommt dann von mir.« Sie ging hinaus. An der Tür drehte sie sich noch einmal um. »Und wenn ich beim Kochen mit der Kleinen schwatze und nicht aufpasse, und das Essen brennt an, soll ich dann sagen: Das kommt von Gott? Nein, Gott macht nicht jeden Unsinn und jede Dummheit, die wir in der Welt erleben. Für manches, was da passiert, muß man den Menschen auf die Finger klopfen, den Dienstboten, aber auch den Herren!« Damit ging sie hinaus.

Ja, dachte Sarah, Hanna geniert sich nicht, zu sagen was sie denkt. Wenn ich sie nicht hätte in dieser Zeit!

In der Nacht lag Sarah wach. Die Reden der Männer gingen ihr nicht aus dem Kopf. Schuld und Strafe, immer Schuld und Strafe! Wenn ich ein Kind habe, und es hat etwas nicht recht gemacht, ja, dann zeig ichs ihm. Vielleicht bin ich streng zu ihm. Ich möchte es bewahren vor dem Bösen. Aber ich schlage nicht auf mein Kind ein! Ich schlage es doch nicht zusammen! Sie sagen: Strafe ist richtig! Haben sie denn schon einmal erlebt, daß ein Mensch besser wurde durch Strafe?

Und wenn Gott allmächtig ist, das kann doch nicht heißen, daß er unser ganzes Unglück gemacht hat! Daß er es war, der das Haus unseres Erstgeborenen nahm und auf die Kinder warf, daß sie alle umkamen! Es kann nicht heißen, daß er Hiobs Krankheit gemacht hat! Wenn Gott alles macht, dann muß auch alles Unglück von Gott kommen. Wenn es wahr ist, was die Männer sagen, daß Gott die Guten belohnt und die Bösen bestraft, dann muß Hiob böse sein und sie selbst auch!

Nie hatte sie sich bisher so hineingebohrt in die Gedanken und Worte der Lehrer. Aber sie wußte es, sie spürte es in der Tiefe ihrer Seele: Hiob kann ohne die rechte Lehre nicht leben. Wenn das Haus der Lehre einstürzt, dann wird es ihn unter sich begraben, wie das einstürzende Haus ihres Ältesten alle ihre Kinder unter sich begraben hatte.

Am anderen Morgen fand Hanna Sarah fiebrig im Bett. Sie wollte aufstehen, aber sie konnte nicht. »Ich muß noch einmal hinaus zu den Männern. Ich muß ihnen sagen, daß sie aufhören sollen mit ihrem Reden.« Aber Hanna sagte zu ihr: »Du bist krank. Du bleibst im Bett. Ich werde den Männern hinausbringen, was nötig ist. Laß sie doch ihre Reden halten. Was kümmerts dich?«
Da sagte Sarah: »Es kümmert mich wirklich, es macht mir schweren Kummer. Ich sehe es doch. Die kalte Lehre der Freunde bringt Hiob um. Der Aussatz zerfrißt seinen Leib. Diese Lehre aber zerfrißt seine Seele. Hanna, du hast recht, ich kann nicht gehen. Geh du für mich. Sag Hiob, daß ich dich geschickt habe. Berichte mir was sie reden. Ich muß es alles wissen.«

AUSWEGLOS
(Hiob 15–21, 29–31)

Hanna ging hinaus zu den Männern. Sie nahm das Essen mit. Als sie Hiob aus der Nähe sah, erschrak sie. Viele Tage saß er nun schon auf der Asche. Sein Gewand war zerrissen und lumpig, der Bart hing struppig herunter. Und in seinem Gesicht sah man die Beulen und den Schorf vom Aussatz.
»Sarah schickt mich«, sagte Hanna. »Ich soll euch etwas zu essen bringen und da bleiben, falls ihr etwas braucht.« »Was fehlt ihr?« fragte Hiob. Hanna antwortete: »Sie ist krank. Sie kann nicht aufstehen.« Und leise fügte sie hinzu: »Ich glaube, sie hat alle Kraft zum Leben verloren.« – Warum sage ich so etwas? dachte sie. Aber Hiob hatte es gehört.

Und dann vernahm Hanna die Reden der Männer. Lange Reden, wie man sie manchmal von den Lehrern hören konnte. Von den Fremden sprach einer nach dem anderen. Und jedesmal antwortete Hiob. Elifas, der Älteste, begann: »Spricht auch ein Weiser so wie du? Windiges Gerede, das nichts taugt! Dein eigener Mund verurteilt dich, nicht ich!« Hanna war entsetzt. Wie konnte man so mit Hiob sprechen? Man sah ihm sein Elend doch an. Aber es kam noch schlimmer. »Du richtest deinen Zorn gegen Gott. Alle Gottesfurcht gibst du auf und redest wie einer, der Gott den Abschied gab!« Hanna konnte sich nicht mehr zurückhalten. Sie fuhr Elifas an: »Schämt ihr euch nicht, so zu reden mit einem Menschen im Unglück?« Aber Hiob schaute sie an und sagte: »Misch du dich da nicht ein.« Da legte Hanna ihre Hand auf den Mund.
Und Elifas fuhr fort: »Hör zu, ich will dir sagen, was die Weisen lehren: Der Böse, der Frevler, lebt alle seine Tage in der Angst. Mitten im Frieden kommt das Unglück über ihn. Denn gegen Gott selbst hat er seine Hand erhoben, halsstarrig rennt er gegen ihn an. Aber er wird dem Untergang nicht entrinnen. Bevor es Zeit ist, kommt er um!«

Mit Erschrecken hörte Hanna diese Worte. So ähnlich hatte ihr Vater gesprochen, wenn er die Brüder lehrte und sie auch dabei sein wollte. Angst gemacht hatte er ihnen vor Gottes Strafe. Das war ja wohl auch richtig. Es gab doch Menschen, die dachten nur an sich und ihren Besitz. Wenn andere dabei zugrunde gingen, das kümmerte sie nicht. Ja, so etwas konnte Gott nicht ungestraft lassen. Aber warum sagte Elifas das zu Hiob? Das war doch

verrückt! Es klang ja, wie wenn er mit seinem Reden Hiob meinte. Da wurde alles zum Unsinn! Hanna hörte, wie Hiob antwortete: »Wenn ihr an meiner Stelle wäret, ich würde Worte des Trostes suchen.« Er hatte Elifas dabei ins Gesicht geschaut. Jetzt senkte er seinen Blick und stöhnte: »Meine Schmerzen hören nicht auf, wenn ich rede. Und sie weichen nicht von mir, wenn ich schweige. Aber du, du wendest dich gegen mich. Die Freunde hast du mir verstört. Dein Zorn zerreißt mich. Keine Hoffnung bleibt mir. Ins Grab werde ich fahren, trostlos.« Und dann hörte Hanna ihn sagen: »Du, du selber mußt mein Bürge sein.« Sie vernahm, wie die beiden anderen Männer ihre Reden hielten. Es interessierte sie nicht; es war ja auch immer dasselbe. Sie sprachen ständig vom Frevler. Wer war denn in ihren Augen dieser Frevler, dem sie den Untergang ankündigten? Von dem sie behaupteten, daß sein Übermut zum Himmel steigt und er doch in den Kot gedrückt wird; daß er den Armen ausraubt und nicht genug bekommen kann; daß Gott sich gegen ihn stellt und alles Unheil über ihn bringt? Wer sollte dieser Frevler sein?

Dann hörte sie wieder Hiob reden. Und auch er sprach vom Frevler: »Ja, die Frevler sagen zu Gott: Von deinen Wegen wollen wir nichts wissen. Wir dienen dem Allmächtigen nicht! Aber sie bleiben am Leben. Sie werden reich und alt. Wo kommt Unheil über sie, wo denn? Ihre Häuser stehen mächtig da. Sie feiern ihre Feste und verbringen die Tage im Glück. Aber die Armen sind im Elend und keiner hilft ihnen. Sie schreien um Brot für ihre Kinder. Und Gott achtet nicht auf ihr Flehen! Der Böse stirbt im Glück, der andere mit bitterer Seele. Eure Lehre vom Untergang des Gottlosen und von Gottes Hilfe für die Armen ist nichts als Lug und Trug!
Ich schreie zu Gott, der mir mein Recht entzogen hat, zum Allmächtigen, der meine Seele quält. Aber er hört nicht auf meine Stimme. Meine Wunden mehrt er ohne Grund, im Sturm tritt er mich nieder. Wenn's um Kraft geht – nur er ist stark! Wenn's um Recht geht – er will nichts von mir wissen. Schuldige wie Schuldlose bringt er um. Und er spottet noch über die Angst des Unschuldigen!«

Laut hatte Hiob diese Worte gesprochen, fast hinausgeschrien hatte er sie. Hanna hörte es mit Entsetzen. Dann sagte Hiob leise vor sich hin: »Ach, gäbe es doch einen Schlichter zwischen mir und Gott, daß ich ohne Angst reden könnte. Wenn mich alle verspotten, wer kann mir denn Recht schaffen, wenn nicht Gott? Im Himmel ist mein Zeuge.« Und nur noch geflüstert hörte Hanna ihn sagen: »Ich weiß, daß mein Erlöser lebt. Ich werde ihn schauen.«

Hanna lief zurück ins Haus. Das Essen, das sie hinausgebracht hatte, ließ sie stehen, bot keinem der Männer etwas an. Sie wollte nur noch hier weg. Leise ging sie hinauf zu Sarah. Die lag wach, mit heißer Stirn.

»Du warst lange weg, Hanna.«

»Sie haben geredet und geredet. Ich konnte es nicht mehr aushalten.«

»Kann Hiob aufatmen? Gab es Trost für ihn?«

»Trost! Sie sprechen zu Hiob, als wäre er ihr Feind. Sie reden vom Frevler, den Gott vertilgt, als wäre Hiob der Frevler!«

»Und Hiob? Hat er noch Kraft, mit ihnen zu streiten?« Da entgegnete Hanna: »Ich weiß nicht, ob er noch Kraft hat. Es ist zum Verzweifeln. Daß ich die Reden seiner Freunde nicht verstehe, das stört mich wenig. Wie sie mit Hiob reden, das ist das Letzte. Aber was er selbst heute sagte, das brachte mich völlig durcheinander. Da war auch alles verkehrt.«

Sie schwieg. Sarah ermunterte sie: »Bitte, erzähl mir!« Hanna sprach hastig: »Hiob redete so, wie wenn alle Bösen im Glück sitzen und alle Guten im Dreck. Er hat ja Recht, wenn er seinen Freunden, diesen kalten Lehrern, ins Gesicht sagt, daß ihre Lehre Lug und Trug ist. Aber so, wie er selbst es heute sagte, ist es auch nicht wahr. Man kann's doch nicht einfach auf den Kopf stellen! Man muß die Bösen warnen. Und es stimmt nicht, daß es den Guten immer dreckig geht. War Hiob nicht gut? Wurde er nicht überschüttet mit Glück?!« Sarah unterbrach sie: »Ja, aber jetzt! Kannst du das nicht verstehen, daß einer, wenn es ihm so geht, nur noch sein Elend hinausschreit und nicht mehr die Worte abwägt wie im Lehrhaus?«

»Doch«, sagte Hanna, »das verstehe ich. – Aber das war ja nicht alles. Es kam noch viel schlimmer.« Wieder schwieg Hanna. Sie hatte den Kopf gesenkt. Erst als Sarah ihre Hand nahm, sprach sie leise weiter: »Weißt du, ich war als Kind oft frech. Wenn mein Vater die Brüder unterwies, setzte ich mich einfach dazu. Oft sprach er mit uns über die Heiligen Gebote. Manches davon war ja richtig und gut. Aber manchmal lachte ich auch, oder ich sagte: ‚So ein Blödsinn.' Da sagte unser Vater mit trauriger Stimme: ‚Hanna, du bist ein freches Kind. Mit dir wird es einmal ein böses Ende nehmen, wenn du dich nicht änderst.' Ich weiß nicht, ob ich mich geändert habe. Du hast ja selber oft genug mein freches Maul erlebt. Aber so, wie Hiob heute, so hätte ich nie geredet! So etwas kann man einfach nicht sagen. Er hat Gott gelästert. Er hält Gott vor, daß er selber Unrecht tut, daß er den Schuldigen wie den Schuldlosen umbringt und noch spottet über die Angst des Unschuldigen.«

Hanna schwieg. Auch Sarah sagte kein Wort. Aber Hanna konnte das nicht ertragen. Sie faßte Sarah am Arm:

»Sprich doch! Hilf mir doch! Es kann doch nicht sein, daß unser Herr Gott den Abschied gegeben hat! Oft habe ich gedacht: weil er da ist, weil er so ist, kann ich an Gott glauben! Und jetzt!« Ein Schluchzen schüttelte sie.

Sarah setzte sich auf und legte ihren Arm um Hanna. Und sie erzählte mit leiser Stimme: »Als unser erstes Kind geboren wurde, meinte ich, es koste mich das Leben. Das Kind kam und kam nicht, und ich starb fast vor Schmerzen. Hiob war bei mir. Ich schrie. Ich biß ihn in den Arm. Meinst du, daß ich ihn da nicht mehr liebte?«

Hanna flüsterte: »Ja, das verstehe ich. Hiob hat Gott in den Arm gebissen, aus starkem Schmerz und starker Liebe. Jetzt verstehe ich, warum er nach den lästerlichen Worten noch sagte, – leise, aber ich hörte es: ‚Ich weiß, daß mein Erlöser lebt. Ich werde ihn schauen.'« »Hat er das gesagt?« fragte Sarah. Hanna antwortete: »Ich bin ganz sicher, daß er das gesagt hat, eh ich wegging.«

Hiobs letzte Klage

Als Hanna hinausgegangen war, kam eine tiefe Unruhe über Sarah. Ja, sie hatte es vermocht, Hanna zu trösten. Und doch: War es denn gewiß, daß Hiob noch an Gott festhielt? Es stand wieder ganz deutlich vor ihr: Als die schlimme Krankheit über Hiob gekommen war, nach allem, was vorausging, da wollte sie nur noch sterben. Und sie sagte zu Hiob: ‚Hältst du noch fest an deiner Frömmigkeit? Gib Gott den Abschied und stirb!' Damals hatte Hiob ihr zu erkennen gegeben, daß seine Liebe zu Gott stark war wie ihre Liebe zu ihm. Aber jetzt, nach all diesen Tagen? Auch eine starke Liebe konnte sterben. Wenn Hiob das gesagt hatte, daß Gott Schuldige wie Schuldlose umbringt, und daß er noch spottet über die Angst des Unschuldigen, – dann war er mit allem fertig. Der Unschuldige war Hiob selbst. Hatte Hiob nicht früher im Blick auf die Kinder manchmal gesagt: ‚Wenn man alles hat, liegt die Gefahr nahe, daß man Gott den Abschied gibt. Man meint, man brauche ihn nicht mehr.' Und im Elend? Lag es da nicht noch viel näher, daß man schließlich einfach nichts mehr von Gott wissen wollte? Daß man nichts mehr wollte, als nur noch in Ruhe gelassen werden?

Sarah stand auf. Sie fühlte sich sehr elend. Aber sie konnte nicht mehr liegenbleiben. Sie ging hinaus zu Hiob.

Er sah sie an: »Bist du nicht krank?«
Sarah antwortete: »Ich habe es nicht mehr ausgehalten.« Wieder stand sie unter dem Baum. Die drei Besucher saßen da und schwiegen. Hiob aber redete:

»Oh wär ich noch wie in den frühern Zeiten,
wie in den Tagen, da mich Gott beschützte,
als Gottes Licht mir überm Haupte strahlte
und seine Freundschaft über meinem Zelt stand.
Kinder in großer Zahl waren um mich.
Ich badete meine Schritte in Milch.
Bäche von Öl ergoß mir der Fels.
In der Stadt, am Tor, auf dem Markt
war ich wie ein Fürst, man schaute auf mich;
wer immer mich sah, pries mich glücklich,
daß ich den Armen befreite, der schrie,
die Waise beschützte, der sonst keiner half,
ein Auge dem Blinden, dem Lahmen ein Fuß.
Es warteten alle auf mich, wie auf Regen.
Der Segen der Verlorenen kam über mich.
Wenn ich geredet, sprach kein andrer mehr,
lacht ich sie an, so faßten sie Vertrauen,
ich thronte unter ihnen wie ein König.

Jetzt aber bin ich weniger als nichts.
Der letzte Lümmel spottet über mich,
Gesindel lacht und spuckt mir ins Gesicht.
Gott beugt mich tief.
Wie eine Wolke ist mein Heil dahin.
Ich werde zu Staub und Asche.
Die Haut an mir ist schwarz,
Fieber glüht in den Knochen,
Schmerz bohrt sich in mich hinein,
kommt Tag und Nacht nicht zur Ruh.
Ich schreie zu dir, du erwiderst mir nichts.
Ich harrte auf Licht, doch Finsternis kam.
Ich weiß es, du stößt mich in den Tod.
Zum Folterer bist du mir geworden,
geißelst mich mit der Wucht deines Arms.

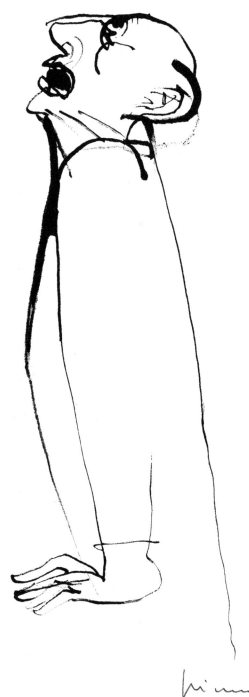

Ja, wenn mein Schritt vom rechten Wege wich,
wenn ich in Falschheit meine Pfade ging,
wenn zum Betrug den Fuß ich eilen ließ –
dann wäge du mich auf gerechter Waage.
Wenn mein Herz der Lust der Augen nachlief,
wenn Unrecht an meinen Händen klebt,
wenn ich durch eine Frau mich betören ließ –
dann soll ein and'rer essen, was ich säte.
Wenn ich das Recht des Knechtes nicht geachtet,
wenn ich des Armen Bitte nicht erhörte,
wenn ich der Waise nicht zu essen gab –
dann falle meine Schulter mir vom Nacken,
dann breche mir der Arm aus dem Gelenk.
Wenn meinen Frevel ich verborgen hätte,
und meine Schuld versteckt in meinem Herzen –
dann schwiege ich, dann sagte ich kein Wort.
Ach, gäbe es doch einen, der mich hört,
daß der Allmächtige mir Antwort gäbe!
Ich wollte mich ihm nahen wie ein Fürst.«

So beendete Hiob seine Klage. Die drei Freunde wandten sich wortlos ab. Sarah stand nicht mehr unter dem Baum. Sie war zur Erde niedergesunken. Alle Kraft war aus ihr gewichen. Sie fühlte sich sterbenselend. Hiobs Erinnerungen an die Tage des Glücks konnten sie nicht froh machen. Ja, es war alles so gewesen, wie er es gesagt hatte. Reich war er gewesen, geehrt, gut, der beste Mensch. Aber nie hatte er so darüber geredet. Hatte ihn das Unglück ganz verwandelt, daß er jetzt vor ihr saß wie ein Fremder? Sarah wollte ihre Hand nach ihm ausstrecken. Aber Hiob wies sie ab mit einer Handbewegung: »Laß mich allein« – das war nicht Hiobs Stimme.
Da wandte auch Sarah sich ab. Mühsam ging sie zurück ins Haus. Die Freunde waren da und redeten mit Hanna. Unbemerkt legte sich Sarah ins Bett. Jetzt erst kamen die Tränen. Sie hätte schreien mögen, die Totenklage hinausschreien wie in jener Nacht. Aber es kam kein Laut von ihren Lippen.

Gott antwortet
(Hiob 38–42)

Sarah lag und schrie ein Gebet ohne Worte. Ihr Leib und ihre Seele waren Seine Wunde; sie hielt sie Gott entgegen. Die Starrheit ihrer Glieder löste sich vor IHM. Und Hiobs erstarrtes Gesicht, das in ihr war, wandte sie Gott zu, seinen erstorbenen Mund, seine kalt gewordenen Augen, seine aussätzige Haut brachte sie vor Gott. Sarah war nur noch Schmerz. Da lag sie, wie im Traum und doch hellwach. Stumm lag sie, und doch war ihr ganzes Wesen ein Schrei. Sie versank tiefer und tiefer. Die Finsternis, die sie umgab, ging in sie ein und strömte aus ihr aus.

Da kam der Punkt, wo aller Schrecken wich. Was um sie her war, fühlte sie wie Wasser; warm wurde sie eingehüllt von allen Seiten. Auch Hiob war ihr nicht mehr fern. Alle Fremdheit, die sie draußen bei ihm hatte erstarren lassen, löste sich auf. Sie fühlte sich mit Hiob eins. Lag sie so eine Stunde, oder die ganze Nacht? Als sie aufstand, war sie wie neu geboren. War das eine Stimme, was sie vernommen hatte? Sie fühlte sich leicht. Die Leichtigkeit erfüllte Leib und Seele.
Sie trat aus dem Haus. Da ging die Sonne auf.
Hiob saß nicht auf der Asche. Er war aufgestanden. Er stand unter Sarahs Baum. Sie sah sein Gesicht und seine Hände, voll von Aussatz. Aber seine Augen waren hell. Sie ging auf ihn zu. Er winkte, daß sie Abstand halten möge, er wandte sich jedoch nicht von ihr ab.

»Du hast von IHM Antwort bekommen?« fragte Sarah. Und Hiob sagte ihr: »Mein Ohr hat ihn gehört, mein Auge hat ihn gesehen.« Sarah sagte: »Komm mit mir ins Haus.« Aber Hiob hob die Hand: »An diesem Ort soll es zum Ende kommen.« Seine Stimme klang wie früher. Und er sprach zu Sarah:
»Wie hatte ich mich danach gesehnt, daß ER selber mir Rede und Antwort stehe, – und wie sehr hatte ich mich davor gefürchtet. Im Lehrhaus sagen wir: ,Kein Sterblicher kann den Heiligen schauen; wer ihn erblickt, der stirbt.' Und ich hatte ihn zum Prozeß gefordert in meiner Maßlosigkeit, – den beschimpft, in dessen Hand allein ich leben kann.
Aus dem Wetter antwortete er mir. Das fuhr daher wie ein Sturm zuerst, dann kam es wie eine tiefe Stille, wenn alles den Atem anhält. Hast du den Sturm gehört diese Nacht?«

Sarah sagte: »Der Sturm war in mir selbst.« Hiob fuhr fort: »Hart fuhr sein Wort mich an zu Beginn:
Wer ist es, der den Ratschluß verdunkelt mit Reden ohne Einsicht?
Ich will dich fragen, du belehre mich!
Wie oft habe ich im Lehrhaus vom Ratschluß des Herrn gesprochen. Den Jungen und den Alten sagte ich: ‚Der Ratschluß des Herrn reicht über die ganze Welt. Nichts ist ihm zu hoch, nichts zu tief. Sein Ratschluß ist wunderbar. Er führt alles herrlich hinaus.'
Doch jetzt, im Unglück, wurde mir sein Ratschluß verdunkelt. Ja, ich verdunkelte ihn selbst. Die Freunde wollten ihn retten mit reiner Lehre von Schuld und Strafe. Und auch ich selber bohrte mich mit allen Gedanken da hinein: Schuld und Strafe, Schuld und Strafe! Mein ganzes Unglück mußte sein Gericht sein. Und dagegen wehrte ich mich. Unvollkommen bin ich, ja. Aber als seine Strafe habe ich das alles nicht verdient. So klagte ich Gott an, er sei ein Tyrann, sein Handeln Unrecht.« Sarah merkte, wie Gedanken der vergangenen Tage wieder nach ihm griffen. Sie unterbrach ihn: »Und ER? Hat Gott dich freigesprochen?«
Hiob antwortete: »Kein Wort von Schuld und Strafe. Es war, als nähme er mich bei der Hand und spräche: Freund, laß uns von anderem reden. Ja, freigesprochen hat er mich; aber ganz anders, als ich es gefordert hatte. Er sprach so mit mir, daß ich frei wurde von aller Bitterkeit und von allem Zorn.
Von der Erde redete er zu mir, die groß ist, über alles menschliche Maß. Von jauchzenden Sternen sprach er und von jubelnden Söhnen Gottes; vom Meer, das mit Gewalt braust und dem er doch Grenzen und Riegel setzt.
Vom Regen sprach er, den er auf unbewohntes Land sendet, wo kein Mensch ihn braucht – überflüssig! Und wo doch Blumen sprießen in üppiger Fülle.
Von den Tieren erzählte mir sein Lied, von Wildesel und Wildstier, die keiner zähmt. Nicht zu des Menschen Nutzen sind sie da, nur einfach so; und er, der Schöpfer, freut sich. Vom Roß, dem herrlichen, dem starken, stolzen, hörte ich ihn reden.«
Sarah fragte: »Dies alles hörtest du mit deinen Ohren?«
Hiob: »Ich kann nicht sagen, daß mein Ohr das hörte. Aber deutlich war die Botschaft. Noch nie habe ich Worte so gehört. Ich hörte sie mit meinem ganzen Herzen. Ich hörte Gottes Freude an seiner Schöpfung. Ich erkannte, daß seine Liebe allem das Leben und das Wesen gibt.
Und in dieser schönen Schöpfung leben wir, die Menschen, höher begabt vom Schöpfer als andere Geschöpfe, auch mit mehr Freiheit begabt, von

Gott geachtet als sein Gegenüber. Für einen Augenblick – ich kann nicht sagen, wie lang das währte – fühlte ich mich ganz hereingenommen in die Freude Gottes, und alles in mir war durchdrungen von seiner Liebe.
Da antwortete ich ihm: Wer bin ich? Was könnte ich deinen Worten erwidern? Ich lege meine Hand auf meinen Mund und schweige.

Doch Gott ließ mich nicht in diesem Gefühl verweilen. Wieder vernahm ich sein Wort:
Ich will dich fragen, du belehre mich!
Und er sprach zu mir von seiner Gerechtigkeit und seinem Gericht – worüber die Freunde und ich geredet hatten in vielen bitteren Reden. Ich hörte ihn:
‚Willst du dich aufbäumen gegen mich? Sprichst du mich schuldig? Willst du recht behalten?
Schau den Stolzen an – ja, demütige ihn!
Laß deinen Zorn sich über ihn ergießen. Zwing die Frevler nieder, zertritt sie, sperre sie ein im Innern der Erde.– Dann hast du deine Welt mit lauter Guten, nicht wahr?'
Es war, als gehe ein Lächeln durch diese strengen Worte. Gott gab mir zu verstehen, daß er nicht nur stark sein will, sondern auch schwach. Er läßt die Bösen am Leben. Er bringt die Frevler nicht um. Er zwingt die Menschen nicht, er wirbt um ihre Liebe. Ja, er läßt seine Sonne aufgehen über Böse und Gute und läßt regnen über Gerechte und Ungerechte. Soll er den Bösen umbringen? Wer ist nur und immer böse? Und auch den Guten gibt er noch einmal eine neue Chance.«

Sarah fragte: »Und deine Schmerzen, deine Krankheit? Und all das Elend in der Welt? Warum läßt Gott es zu?«
Hiob entgegnete: »Er gab mir keine Lösung dieser Frage. Er sprach von Leviathan und Behemoth, den Ungeheuern der Urzeit. Chaosmächte sind noch da in dieser Welt. Es bleibt ein dunkles Geheimnis, das wir nicht lösen. Unsere Lehre, die wir oft im Lehrhaus erörterten, daß Gott alles wirkt und daß er die Guten belohnt und die Bösen bestraft, ist verkehrt. Wahr ist sie in der Bitte um den Segen; wahr ist sie, wenn wir gegen das Böse kämpfen. Aber wenn wir sie gebrauchen, um eine Erklärung zu haben für das Leiden und das Unrecht, dann wird alles verkehrt. Wir können Gott nicht benützen, um alles zu erklären. Aber er ist bei uns, auch im Leiden, auch mitten in der Bitterkeit. Es gibt nicht für alles eine Lösung. Man kann nicht alles verstehen. Aber man kann mit Gott leben. Ich verstehe auch jetzt nicht,

warum wir so ins Unglück kamen. Aber ich weiß jetzt: Er ist bei uns, auch wenn wir uns von ihm verlassen fühlen.«

Mit Staunen, doch ohne Befremden hatte Sarah Hiobs Worte vernommen. Jetzt ging sie auf ihn zu und schloß ihn in die Arme. »Komm, geh mit mir ins Haus. Das Leben kann noch einmal beginnen.«
Hiob machte sich von ihr los: »Wir können die Realität nicht überspringen. Sieh mich an, ich bin voll von Aussatz.«
Doch Sarah sagte: »Ja, ich sehe dich an. Du bist heil geworden in dieser Nacht. Und glaub mir, auch dein ganzer Leib wird heil werden. Jeden Tag wird man mehr davon sehen. Wir dürfen nicht nur die alte Realität anschauen, die man noch vor Augen hat. Wir müssen auch auf die kommende Realität blicken, die man schon sehen kann.«
Und Sarah nahm Hiobs Arm und führte ihn ins Haus.

Erläuterungen zu Hiob und Beispiele von Heute

Eine Erzählung bedarf eigentlich nicht der nachträglichen Erläuterung und Rechtfertigung. Sie steht für sich selbst und wirkt aus sich heraus. Hier jedoch ging es nicht einfach um die eigene Erzählung eines Autors, sondern um erzählerische Gestaltung eines biblischen Textes – und diese Erzählung weicht in wichtigen Punkten von der biblischen Vorlage ab. Manche Leser wird das nicht stören. Für andere mag es irritierend sein. Darf man biblische Texte in der Wiedergabe verändern? Darf man gar Kritik üben an Aussagen, die in einem Bibeltext stehen? Darüber urteilen heutige Bibelleser verschieden. Dies ist der eine Grund, weshalb ich meiner Erzählung noch Erläuterungen anfüge.

Der andere Grund: Meine Erzählung will dem Leser nicht hauptsächlich oder gar ausschließlich die Gestalt Hiobs nahebringen, wie sie in dem alttestamentlichen Buch erkennbar wird, sondern ihn mit einem schwierigen, hoch aktuellen Thema konfrontieren: dem unbegreiflichen Leiden. In der ganzen Menschheitsgeschichte und auch heute stellt das Leiden schwere Fragen: Wie soll man damit zurecht kommen, wenn es einem als himmelschreiende Ungerechtigkeit erscheint? Wie kann ich damit leben, wenn es mich selbst unmittelbar betrifft, oder einen mir nahestehenden Menschen? Wie kann Gott das zulassen? So fragen gläubige und ungläubige Menschen seit eh und je.

Darum ging es ja auch dem Hiobdichter. Er hatte nicht einfach das historische Interesse, eine geschichtliche Person getreu nachzuzeichnen. Am Beispiel Hiobs behandelt er ein Menschheitsthema. Und er bringt es ausdrücklich zusammen mit der Gottesfrage. Müssen wir uns auf die Antworten beschränken, die wir bei möglichst genauer Betrachtung im Buch Hiob selbst finden? Oder darf uns Hiob zum ‚Stoff' werden, an dem wir entdecken, wie heute Antwort gewonnen werden kann auf die Fragen, die unbegreifliches Leiden uns stellt?

Wenn ich mir Gedanken mache, wie ich die im Buch Hiob angesprochenen Erfahrungen erzählerisch darstellen kann, muß ich der Frage nachgehen, welche Erfahrungen im Hintergrund des Textes stehen könnten, die im Text selbst nicht ausdrücklich angesprochen werden. Vierzig Kapitel Reden ergeben keine Erzählung. Ich muß danach fragen, wie die betroffenen Menschen das erlebt und verarbeitet haben, was sich in den langen Reden spiegelt.

Und ich lese das Buch Hiob als Christ. Das soll nicht bedeuten, daß ich Dinge hineinlese, die den Text verfälschen. Aber es kann und darf sich so auswirken, daß mir im Licht des Neuen Testaments Andeutungen, die ich bei

Hiob finde, deutlicher ans Licht treten, als dies bei Hiob selbst schon der Fall ist, daß Aussagen, die ich im Text finde, in einen Zusammenhang treten, der bei Hiob selbst allenfalls angedeutet ist, oder daß ich Inhalte bewerte (z. B. aus der Rahmengeschichte), die dort ohne Wertung mitgeteilt werden. Ich gebe zunächst einige Erläuterungen zu Erkenntnissen der Auslegung, die hinter meiner Erzählung stehen, sowie zu den offenkundigen Veränderungen in meiner Erzählung gegenüber dem Bibeltext.

Die Rahmenerzählung im Buch Hiob

Der Hauptteil des Buches Hiob besteht aus Reden in Gedichtform – 1024 Verse in 40 Kapiteln: Reden Hiobs und seiner Freunde – und am Schluß zwei Gottesreden. Wissenschaftler nehmen an, daß dieses Hiobgedicht im 5.–3. Jahrhundert vor Christus entstanden ist.
Es ist eingerahmt durch eine Erzählung in Prosa, die am Anfang und am Schluß des Hiobbuchs begegnet. Der Dichter des Hiobgedichts hat diese 4–5 Jahrhunderte ältere Erzählung aufgenommen. Sie spielt außerhalb Israels. Wir können nicht genau sagen, wo und wie sie entstanden ist und wie sie sich im Laufe der Zeit verändert hat. Auch können wir nur Vermutungen darüber anstellen, in welcher Weise der Hiobdichter selbst diese alte Volkserzählung bearbeitet hat, als er sie zur Rahmengeschichte für sein Hiobgedicht machte.
Hiob selbst ist in dieser Erzählung ein beispielhaft frommer Mann. Er lebt im Lande Uz (1, 1), irgendwo im Osten (1, 3), jedenfalls außerhalb Israels. Seine Freunde kommen aus verschiedenen Ländern (2, 11), deren Lage wir zum Teil nur vermuten können.

Wenn der israelitische Hiobdichter diese Erzählung aufnimmt, dann bedeutet dies: Es ist ein Menschheitsthema, das hier behandelt wird. ‚Gott und das Leiden' – überall begegnet dieses Thema. Wie kann man angesichts unbegreiflichen Leidens recht von Gott reden? Diese Frage begegnet durch die Jahrhunderte in allen Kulturen und Religionen. In ihr sind wir verbunden mit Menschen verschiedener Zeiten und Weltanschauungen. Wegen dieser zeitübergreifenden Aktualität des Hiobproblems ist der Name ‚Hiob' auch unter uns noch vielen bekannt.
Ich vermute, daß die meisten von denen, die heute auf die Frage, worum es bei Hiob geht, spontan antworten können, hauptsächlich diese Rahmengeschichte im Kopf haben: Hiob, ein vorbildlich frommer Mann, der ins

Unglück kam. Alles wurde ihm genommen – man spricht ja immer noch von einer »Hiobsbotschaft«. Gott wollte seinen Glauben auf die Probe stellen. Da war doch so etwas wie eine Wette im Himmel. Der Satan bestritt, daß Hiob ohne Berechnung glaubt. Aber Hiob hielt durch. Und am Schluß bekam er ja seinen ganzen Reichtum wieder.

Aber diese Rahmengeschichte gibt uns schwere Fragen auf, sobald wir anfangen, über sie nachzudenken, oder wenn wir persönlich von unbegreiflichem Leiden betroffen sind. Sollen wir glauben, daß Gott schweres Leiden absichtlich schickt, um Menschen zu prüfen? Ja gar, daß Gott mit dem Satan wettet und es bei dem schweren Leiden eines Menschen darum geht, ob der Teufel die Wette gewinnt, oder Gott? Glauben wir an einen solchen Gott? Und zum Schluß der Rahmengeschichte: Glauben wir das, daß der Leidende, wenn er durchhält, am Ende von Gott mit Reichtum und Glück überschüttet wird? Ist dieses ‚happy end' realistisch? Ist es wahr? Es mag ja vielleicht einmal vorkommen, aber können und sollen wir in dieser Erwartung mit unbegreiflichem Leiden umgehen?
Noch eine Frage – es geht scheinbar um ein Nebenmotiv in der Rahmenerzählung: Wenn Hiobs Frau zu ihm sagt: »Hältst du immer noch fest an deiner Frömmigkeit? Lästere Gott und stirb!« (2, 9) wie sollen wir das verstehen? Drückt sich darin aus, daß Hiob in der Tiefe seiner Not von allen, auch den Allernächsten verlassen ist? Oder kann man diese Äußerung seiner Frau auch ganz anders deuten?

Vier Gottesaspekte

Was für ein Gottesbild ist das, was uns im Buch Hiob begegnet? Ist es mit dem Gottesverständnis Jesu vereinbar? Oder, wenn wir die kritische Frage ausschließlich an das Alte Testament richten, entspricht die Gottesvorstellung, die wir bei der Wette im Himmel finden (1, 6–12; 2, 1–6), dem Gottesglauben Israels?
Martin Buber, der große jüdische Bibelausleger, weist darauf hin, daß im Buch Hiob vier verschiedene Gottesbilder, vier Gottesaspekte, begegnen:[1]

Der *erste* Gottesaspekt begegnet im Prolog, bei der Wette im Himmel. Es ist ein Gott, der sich von einem ‚Satan' anstiften läßt, einem frommen Mann alles Übel antun zu lassen, lediglich um festzustellen, ob Hiob ihm dann die Treue brechen wird, wie der Satan behauptet, oder ob er Gott ‚umsonst' dient, das heißt, ohne Berechnung, nicht um des Lohnes willen und nicht aus Angst vor Strafe. Buber nennt diesen Gott einen ‚kleinen mythologischen Götzen'. Vom Verfasser des Hiobgedichts ist dieser Gottesaspekt ganz ironisch-irreal gemeint. Dieser Gott ist nicht der Gott Israels.

Der *zweite* ist der, den die Freunde vertreten. Es ist der dogmatische Aspekt der göttlichen Vergeltungskausalität. Gott ist darin gerecht, daß er das Gute belohnt und das Böse bestraft. Also weist Leiden auf Schuld hin. Diese Berechenbarkeit des göttlichen Handelns versteht jeder. Nach Buber ist dieser Gott ein großer ideologischer Götze. Hiob selbst kommt von einem solchen Denken her. Eben darum ist er so verzweifelt, weil er sein Leiden nicht als Strafe für seine Schuld anerkennen kann. Die erlittene Wirklichkeit ist nicht in Übereinstimmung zu bringen mit der dogmatischen Lehre. (Hanna sagt in meiner Erzählung drastisch: »Oh fromme Männer! Die Lehre muß stimmen, und wenn der Mensch dabei drauf geht.«)

Der *dritte* Aspekt ist der des klagenden und protestierenden Hiob. Hiob kämpft gegen den Gott, »der sich ihm aus einer vertrauten Person in eine unheimliche Macht verwandelt hat« (440). Gott ist ihm radikal verborgen, ganz unbegreiflich. Diese Gottesfinsternis bringt Hiob in den Abgrund der Verzweiflung.

Der *vierte* Gottesaspekt begegnet in den Reden Gottes am Ende des Hiobbuchs. Hier wird dem um Gerechtigkeit ringenden Menschen eine andere Gerechtigkeit verkündigt. Nicht die Gerechtigkeit einer berechenbaren Vergeltung, sondern eine austeilende, eine schenkende.

Der Weg des Hiobbuchs führt vom ersten zum vierten Aspekt. Für den heutigen Leser liegt eine nicht geringe Schwierigkeit auch darin, daß uns die Gottesreden – wie vieles andere im Hiobgedicht – in einer überarbeiteten Gestalt vorliegen, aus der wir die ursprüngliche nicht wiederherstellen können. Viele haben im Lauf der Geschichte am Hiobbuch gearbeitet, weil sein Thema eine immer neue Auseinandersetzung herausforderte.

Die Deutung Bubers liegt meiner Erzählung zugrunde. Das bedeutet, daß ich nicht – wie manche Ausleger – versuche, die ‚Wette im Himmel' zu rechtfertigen. Sarah erzählt die Geschichte von dieser Wette als ein »grauenvolles Märchen«, das sie aus ihrer Kindheit kennt. So kommt zugleich die Einsicht zum Zug, daß es sich hier um einen älteren Text handelt. Die hier begegnende Gottesvorstellung wird scharf zurückgewiesen.

Und doch enthält diese ‚grauenhafte Geschichte' einen tiefen Kern, was die Gottesbeziehung Hiobs betrifft – ja, darüber hinaus jede Gottesbeziehung eines Menschen. Er liegt in der Frage, ob der Mensch Gott ‚umsonst' dient (1, 9), gratis, nicht aus Berechnung, weder aus Lohnspekulation noch aus Angst vor Strafe, sondern einfach so – aus Liebe.

Die Lehre des Paulus von der Rechtfertigung ‚allein aus Gnade' geht davon aus, daß die rechte Gottesbeziehung des Menschen nicht bestimmt wird durch ein Berechnungsmodell – nämlich daß der Mensch von Gott aufgrund seiner guten Werke angenommen werde – sondern zuerst durch die gütige Hinwendung Gottes zum Menschen, aus der Liebe Gottes zu ihm. Jesus ist den Menschen so begegnet. Und dem entspricht dann, daß der Mensch sich auf diese Beziehung einläßt, ebenfalls ohne Berechnung, ‚einfach so', aus Liebe.
So läßt sich vom Neuen Testament her in dieser schlimmen Rahmengeschichte doch ein Hinweis auf den Kern des Evangeliums finden.

Aber Hiobs Treue zu Gott, wie sie in seiner Antwort auf all die ‚Hiobsbotschaften' zum Ausdruck kommt (1, 21: »Der Herr hat's gegeben, der Herr hat's genommen, der Name des Herrn sei gelobt«) erscheint dem heutigen Hörer unbegreiflich. Aus einer Gruppe, die über diese Stelle sprach, zitiere ich drei Stimmen:
»Ganz unglaublich ist das, unglaublich im wahrsten Sinn des Wortes.«
»Im ersten Schock, wenn man's noch gar nicht realisiert hat, sagt man manchmal Dinge, die man nachher nicht mehr sagen kann. Ich hatte eine Freundin, die bekam den Befund: inoperabler Krebs. Und da sagte sie dieses Wort von Hiob. Aber eine Woche später sagte sie das nicht mehr.«
»Ist dieses Wort Hiobs übermenschlich? Oder, noch schärfer gefragt: ist es unmenschlich?«

Gustavo Gutiérrez, ein südamerikanischer Ausleger des Buches Hiob – der, dem ich zum Verstehen Hiobs am meisten verdanke –[2] findet diese Aussage bei tiefgläubigen, einfachen Menschen heute wieder: »Sätze dieser Art sind unter dem armen und gläubigen Volk häufig zu hören. Wenn einfache Leute einen geliebten Menschen verlieren, sagen sie immer wieder mit Hiob: »Der Herr hat gegeben, der Herr hat genommen.« (86)
Das findet man auch bei uns. Auf einem Friedhof sah ich bei zwei mir bekannten Gräbern ‚Hiob 2, 21' auf dem Grabstein stehen. Der eine Stein gehörte zum Grab eines jungen Mannes, der im Alter von 24 Jahren mit sei-

nem Lastwagen tödlich verunglückt war. Der andere Stein gehörte zu einem Kindergrab; ein Jahr alt war der Bub, das erste Kind seiner Eltern, vom Balkon gefallen, tot. Von Hiob haben die Eltern die Sprache geliehen in dieser Situation, in der es ihnen die Sprache verschlagen hatte.

Wir sehen, daß die alte Rahmengeschichte einerseits von einer Gottesvorstellung geprägt wird, die für jüdischen und christlichen Glauben inakzeptabel ist; zugleich aber enthält sie Fragen und Erfahrungen, die für uns aktuell sind.

Das *Gottesbild der Freunde* und ihr Verhalten angesichts des Leidens und der Klagen Hiobs, begegnen heute noch. Zuerst wird erzählt, daß sie sieben Tage und sieben Nächte schweigend bei ihm saßen. M. Bubers Erläuterung dazu klingt abwertend: »Die Freunde schweigen den Leidenden sieben Tage an, um ihm dann die Rechnung von Sünde und Strafe aufzumachen.« (438). Man muß das aber nicht so negativ sehen. Ist es nicht manchmal das Einzige, was wir tun können angesichts unbegreiflichen Leidens, dabei sein, schweigen, den Schmerz teilen? Freilich, wer einen Leidenden in seiner Not begleitet, kann nicht immer stumm bleiben.

Hiob selbst hat nach dem langen Schweigen das Reden eröffnet, mit einer tiefen Klage. Die Freunde antworten ihm. Das zieht sich dann durch das ganze Buch: Hiobs Klagen und Anklagen und die Antworten der Freunde. Hiob verzweifelt am Leben. Er klagt Gott sein Leiden, das er nicht verstehen kann, ja, er klagt Gott an. – Die Freunde sind gläubige Menschen. Sie wollen es recht machen mit ihren Antworten. Sie wollen Gott in Schutz nehmen. Denn das steht für sie fest, auch wenn das Leiden ihres Freundes sie tief berührt: Gott ist gerecht; er macht keinen Fehler. Und zu dem Dogma, das ihr Denken bestimmt, gehört: Gottes Gerechtigkeit wird darin erfahren, daß er das Gute belohnt und das Böse bestraft. Eben dies steht für Hiob im krassen Widerspruch zu seiner eigenen Erfahrung. Auch er geht, wie die Freunde, davon aus, daß alles von Gott kommt. Diese Voraussetzung durchzieht das ganze Buch Hiob. Aber gerade deshalb ist für Hiob das Leiden, dem er ausgesetzt ist, unbegreiflich. Er hält sich nicht für vollkommen. Aber dieses Leiden hat er nicht verdient. Auf die bittere Frage nach dem Warum findet er keine Antwort. Und je mehr er sich hineinsteigert in diese Warum-Frage, in die Klage vor Gott und die Anklage Gottes, desto härter beharren die Freunde auf ihrer Gottes-Verteidigung, die sich zuspitzt in die Unterstellung: wenn es dir jetzt so geht, dann muß Schuld vorliegen, auch wenn du es nicht zugibst. Dein Elend kann nur Gottes Strafe für deine Sünden sein.

Wenn wir heute die Auseinandersetzung zwischen Hiob und seinen Freunden lesen, liegt es uns nahe, die Freunde zu verurteilen: So kann man doch nicht mit einem leidenden Menschen umgehen! Sie erscheinen uns hartherzig, überheblich; und daß sie dabei ständig von Gott reden und ihn verteidigen, das macht die Sache für die meisten unter uns nur noch abstoßender.
Und doch ist ihre dogmatische Voraussetzung auch heute noch gegenwärtig. Gehen wir nicht in der Erziehung davon aus, daß das Gute belohnt und das Böse bestraft werden soll? Ist das nicht ebenfalls die Grundlage für die ganze Rechtsprechung? Und wenn einer ins Unglück kommt, fragen nicht auch heute noch manche: Womit habe ich das verdient? Warum gerade ich? Entspricht nicht das Dogma der Freunde Hiobs einem allgemeinen Gerechtigkeitsdenken?
Ja, auch im Bereich der Frömmigkeit ist ihre Einstellung noch gegenwärtig. Eine Krankenschwester erzählte: »Ich war schwer krank, seelisch und körperlich elend dran. Eine gute Bekannte besuchte mich. Sie betete mit mir, mehrmals. Als keine Veränderung eintrat, sagte sie: »Bei dir muß Schuld vorliegen, deshalb wirst du nicht gesund.«
Ich habe solche Beispiele mehrmals gehört; frommer Eifer, der Gott in Schutz nehmen will; ein Gerechtigkeitsdenken, das von der einfachen Rechnung ausgeht: Gott belohnt das Gute und bestraft das Böse. Ein Leiden, das Gott nicht wegnimmt, obwohl wir ihn darum bitten, weist auf Schuld hin.

Hiob selbst entschuldigt Gott nicht. In seinen Klagen begegnen uns nicht nur bittere Fragen an Gott: Was habe ich dir denn getan? Warum machst du mich zur Zielscheibe für deine Pfeile? (7, 20). Nicht nur die Resignation: Ich mag nicht mehr! Ich will nicht mehr leben (7, 16). Zum Ekel ist mir mein Leben geworden (10, 1); sondern auch aggressive, lästerliche Aussagen gegen Gott, am schärfsten 9, 22.23: »Schuldige wie Schuldlose bringt er um, und wenn die Geißel plötzlich tötet, spottet er noch über die Angst der Unschuldigen.« Aber dieses klagende, ja lästernde Reden Hiobs wird am Schluß von Gott gerechtfertigt und nicht das Gott in Schutz nehmende Reden der Freunde. Am Ende sagt Gott zu den Freunden: »Mein Zorn ist gegen euch entbrannt; denn ihr habt nicht recht von mir geredet wie mein Knecht Hiob.« (42, 7) Warum ist Hiobs klagendes und anklagendes Reden »recht geredet?« Weil aus allem die Liebe zu Gott spricht; Hiob kann von Gott nicht lassen. Er selbst beurteilt freilich seine Anklagen im Rückblick kritisch: »Im Unverstand habe ich geredet über Dinge, die für mich unbegreiflich sind.«

(42, 3) »Nur vom Hörensagen hatte ich dich gekannt, jetzt aber hat mein Auge dich geschaut.« (42, 5) So spricht Hiob nach der Offenbarung, die er in zwei Gottesreden empfangen hat.

Die Gottesreden

Diese Reden Gottes am Ende des Hiobbuchs (Kapitel 38–41) sind nicht leicht zu verstehen. Im Grund geht es darum, in ihnen zu erkennen, daß Gott sich seiner Schöpfung in Liebe zuwendet. Aber dieser Kern der Gottesreden ist gar nicht so leicht zu entdecken. Für manche Leser und Ausleger ist er ganz verborgen. Mir selbst ist er auch erst durch Gutiérrez aufgegangen. Vielleicht kann man ihn erst von Jesus her deutlich erkennen.
Beim ersten Lesen kann sich der Eindruck ergeben, daß die Gottesreden keinerlei Antwort auf Hiobs Fragen und Probleme geben. Viele Ausleger vertreten das. Am schärfsten hat es wohl der französische Dichter Paul Claudel in seinem Hiobbuch von 1948 ausgedrückt: »Welche Enttäuschung! Die ganze Verteidigungsrede Hiobs ist, als wenn sie nicht gehalten wäre. Der göttliche Sprecher gibt sich gar keine Mühe, auch nur auf eine seiner Ausführungen, nur auf einen seiner Beweise einzugehen! Kein Wort des Trostes, des Mitgefühls oder der Rechtfertigung. Und auch nicht andeutungsweise ein Versprechen oder eine Hoffnung. Sondern eine Zurschaustellung von Macht und Größe, die nicht wesentlich verschieden ist von der bis zur Ermüdung wiederholten und wiedergekäuten Darstellung der drei Biedermänner und des vierten.«

In einer Zusammenfassung der neueren Hiob-Auslegung schreibt Peter Höffken:[3] »Weder ist ein gedanklicher Fortschritt zwanglos auszumachen, noch hat die doppelte Gottesrede viel mit den bisher verhandelten Problemen zu tun.« (517)
»Der moderne Leser setzt voraus, daß die Gottesrede auf das Problem des Leidens Hiobs einzugehen habe, und man muß diese Voraussetzung in den Gottesreden schmerzlich vermissen. Eine öfters gewählte Möglichkeit besteht dann darin, die Gottesreden inhaltlich überhaupt für unwichtig zu erklären und alles auf die Tatsache der Begegnung Gottes mit Hiob zu stellen.« (518)

Dieses Argument ist uns vielleicht zugänglich: Gott, der für Hiob so verborgen war, wendet sich ihm neu zu. Und diese neue Zuwendung ist für Hiob

so wichtig, daß auch die drängendsten Fragen, die zuvor gestellt waren, darüber in den Hintergrund treten.
Und doch! Bliebe diese ‚Lösung' für den Leser des Hiob-Buches nicht doch ganz unbefriedigend?
Bei Martin Buber sehen wir einen anderen Ansatz des Verstehens. Er findet in den Gottesreden die Offenbarung einer anderen Gerechtigkeit, einer austeilenden.
Als Christen sehen wir darin ein Verständnis der Gerechtigkeit Gottes, wie es von Jesus praktiziert, von Paulus theologisch erörtert und von Luther neu entdeckt wurde. Und die Frage nach der Gerechtigkeit Gottes zieht sich ja als zentrales Problem durch das ganze Buch Hiob.

Am deutlichsten entfaltet Gutiérrez ein solches Verständnis der Gottesreden. Gott gibt Hiob wirklich Antwort, und diese Antwort verändert alles. Seine Gerechtigkeit kommt nicht dadurch zum Zug, daß er die Guten belohnt und die Bösen bestraft, sondern darin, daß er sich seinen Geschöpfen in Liebe zuwendet und ihnen eben so gerecht wird.
Zwar finden wir in den Gottesreden auch eine ziemliche Härte Hiob gegenüber. »Wer ist es, der den Ratschluß verdunkelt mit Gerede ohne Einsicht?« (38, 2) »Ich will dich fragen, du belehre mich!« (38, 3; 40,7) »Willst du wirklich mein Recht zerbrechen, mich schuldig sprechen, damit du recht behältst?« (40, 8) Gott muß Hiob herunterholen von dem Ort, dahin er sich verstiegen hatte. Hiob hatte sich verrannt, sich in seinen verzweifelten Anklagen gegen Gott so überhoben (vgl. insbesondere 9, 22.23), daß Gott ihn da wegholen muß.
Nicht weil er den Menschen klein machen will, damit er selbst groß sei. Aus Liebe holt er ihn dorthin, wo eine neue Begegnung möglich ist. Liebe kann nicht immer weich sein, wenn sie hilfreich sein will. Die Härte in den Gottesreden ist keine kalte Härte. Scheint nicht sogar der Humor durch?: Ja, du, ich will mich von dir gern belehren lassen!

Gott zeigt seine Liebe in der Schöpfung. Da wird deutlich: Der Mensch ist nicht der Mittelpunkt der Welt; und die Schöpfung läßt sich nicht einfach rational verrechnen, wie die Hand in den Handschuh paßt (vgl. Gutiérrez 112). »Sämtliche Tierbeispiele vermitteln einen Eindruck von Freiheit, Kraft und Unabhängigkeit. Gott genießt seine Schöpfung.« (112) »Jahwe lädt Ijob ein, mit ihm die Großartigkeit seines Werkes zu besingen. Vergessen darf er allerdings nicht dabei, daß die Quelle von all dem die freie und ungeschuldete Liebe Gottes ist.« (112)

Hiob antwortet auf die erste Gottesrede:
Siehe, ich bin zu gering. Was kann ich dir erwidern? Ich lege meine Hand auf meinen Mund.« (40, 4)
Aber so ist er noch nicht dort, wo Gott ihn haben will. Die zweite Gottesrede macht ihm deutlich: Gottes Gerechtigkeit ist ganz anders. Hiob war – mitsamt seinen Freunden – gefangen in der Vorstellung, die Gerechtigkeit Gottes müsse sich darin zeigen, daß er die Guten belohnt und die Bösen bestraft. Gott hilft Hiob, aus diesem Gefängnis herauszukommen. Er will ihm »schüchtern und zärtlich erklären, daß er die Frevler nicht mit einem Blick zunichte machen kann« (115). »Der allmächtige Gott ist auch ein ‚schwacher' Gott. Das Geheimnis der göttlichen Freiheit führt zum Geheimnis der menschlichen Freiheit und der Achtung vor ihr« (115). »Jahwe, der ‚Ich-bin-da', der Beschützer des Lebens, lädt Ijob ein, seine Barmherzigkeit anzuerkennen – auch wenn er nicht alles ganz versteht« (117).

Das Böse ist noch da in der Welt. Aber die Macht der Liebe Gottes will alle für die Liebe gewinnen, auch jene, die jetzt böse sind. Das geht nur freiwillig. Liebe läßt sich nicht erzwingen.
Das Neue, das am Schluß des Buches Hiob aufleuchtet und das die Anfechtung heilen kann, die unbegreifliches Leiden über einen Menschen bringt, ist die Möglichkeit, in der Liebe Gottes zu leben, auch im tiefsten Leiden.

Hiobs Frau

Der Leser meiner Hioberzählung erkennt – vielleicht überrascht – daß Hiobs Frau – ich nenne sie Sarah – hier eine zentrale Rolle spielt.
Im Buch Hiob selbst taucht sie nur in einem einzigen Vers auf: Als Hiob – mit bösen Geschwüren von der Fußsohle bis zum Scheitel – in der Asche saß, sagte seine Frau zu ihm: »Hältst du immer noch fest an deiner Frömmigkeit? Lästere Gott und stirb!« (2, 9)
Wie sollen wir das verstehen? Was für ein Mensch ist sie? Ist sie unwichtig, eine Nebenfigur, die zu erwähnen sich fast nicht lohnt? Im ganzen Hiobbuch reden ja nur die Männer. – Ist sie eine schwach ausgebildete Gegenfigur zu der Gestalt des leidenden Frommen, deren Verhalten zeigt, wie ganz ungewöhnlich Hiobs Festhalten an Gott ist? Wird Hiobs Einsamkeit dadurch hervorgehoben, daß sich als erste die eigene Frau von ihm abwendet? Oder kann man sie auch ganz anders verstehen?

In einer Gesprächsgruppe gab es folgende Äußerungen über Hiobs Frau:
»Sie ist ein harter Mensch, denkt mehr an sich als an ihn.«
»Sie liebt ihn nicht, das zeigt sich an dieser Stelle.«
»Sie hat wahrscheinlich Hiobs Glauben schon vorher nicht mitgemacht.«
Eine jüngere Frau sagte: »Ich sehe das ganz anders. Aus ihren Worten spricht die nackte Verzweiflung. Sie ist eine sehr sensible Frau. Gerade weil sie ihren Mann so liebt, kann sie dieses Leiden nicht mehr ertragen.«
So verstehe auch ich diese Stelle. In ihrer Liebe zu Hiob sehe ich das Gegenbild für Hiobs Liebe zu Gott.
Daß ‚Sarah' in meiner Erzählung eine so hervorgehobene Bedeutung bekommt, hat daneben noch einen formalen Grund: Eine Folge von Reden ohne Handlung läßt sich nicht erzählen. Sarah und ihre Genossin Hanna ermöglichen die Erzählform, und sie tragen die Auseinandersetzung mit den Gesprächen der Männer.

Die bittere Warum-Frage heute

Die Fragen, die durch unbegreifliches Leiden hervorgerufen werden, sind heute so aktuell wie zu der Zeit, als das Buch Hiob entstand. Sie werden gestellt von Menschen aus allen Altersstufen, als bittere Warum-Frage zu einem erschütternden Geschehen und als Frage nach Gott, der so unbegreiflich ist.
Ein achtjähriger Junge fragte: »Warum macht da der Gott nichts?« – Sein Freund war verunglückt.
Eine junge Frau konfrontierte mich mit der schweren Erfahrung ihrer Freundin. Ich habe diese erschütternde Geschichte der Hiob-Erzählung vorangestellt.
Eine ältere Frau, deren Mann im Alter von 42 Jahren am Krebs gestorben war, und die jetzt den Unfalltod ihres Schwiegersohns erlebt hatte – auch 42jährig, 5 Kinder, die kleinsten, Zwillinge, dreieinhalb Jahre alt – sagte zu mir: »Weißt du, was ich einfach nicht verstehen kann: daß Gott so etwas zweimal tut!«

In einer Gemeinde hatten wir, vor einer Vortragsreihe über Hiob, eine Umfrage gemacht. Die angesprochenen Personen sollten sich zu dem Thema »Gott und das Leiden« äußern. Eine der Fragen lautete: Können Sie Situationen nennen, wo jemand diese Frage stellt: »Wie kann Gott das zulassen?« Ich zitiere einige der Antworten:

»Die Frage habe ich selbst schon gestellt – als mein Mann und drei Brüder nicht mehr vom Krieg heimkamen.«
»Junge Menschen sterben und alte müssen oft so lang leiden.«
»Ehen gehen auseinander, weil sich die Ehegatten nicht mehr verstehen. Und wie ist das mit den Kindern?«
»Mein Neffe verbrannte im Auto. Warum?«
»Kindesmißhandlungen – Hungertod von Kindern in der Dritten Welt.«
»Ein Kind kam blind zur Welt.«
»Ein junger Mensch bekam MS und muß viele Jahre lang total gepflegt werden.«
»Wenn Schuld und Sinn eines Leidens überhaupt nicht erkennbar sind.«

Die bittere Warum-Frage wird gestellt im Blick auf eigenes Leiden; wenn unvermutet eine schwere Krankheit über einen kommt, wenn ein Unfall einen niederwirft, wenn man im Beruf scheitert, wenn man von einem anderen Menschen tief enttäuscht wird und eine Beziehung zerbricht. Dann bricht auch heute die Frage auf: Warum gerade ich? Warum mußte das mir passieren?

Die Frage bricht auch auf, wenn nicht wir selbst so tief ins Leiden geführt werden, sondern ein uns nahestehender Mensch. Ja, es kann sein, daß die Frage da noch belastender ist; man denkt: Wenn es mich selber getroffen hätte, ich wäre eher damit fertig geworden. – Aber warum der? Warum die? Warum dieses unschuldige Kind?

Wir werden auch mit der Frage konfrontiert durch Leiden, das Fernstehende trifft. Viel mehr als frühere Generationen haben wir heute Anteil am Leiden fremder Menschen, deren Schicksal uns die Medien ins Haus bringen.

Oft ist Leiden durch Menschen selbst verursacht.
Es gibt Leiden durch eigene Schuld. Manche Krankheit ist selbstverschuldet: Mißbrauch von Alkohol, Nikotin, Drogen, der krank macht; unachtsames Autofahren, das Unfälle verursacht, Beziehungskrisen, ausgelöst durch eigenes Fehlverhalten. Wenn man zum Leiden eines Menschen sagen muß: er/sie hat es sich selbst zuzuschreiben, dann können wir es gedanklich einordnen. Oft aber bringt menschliches Fehlverhalten andere – Unschuldige – ins Leiden. Häufig werden Menschen heute bei Verkehrsunfällen verletzt, die sie selbst nicht verursacht haben. Aus Kriegen erreichen uns Nachrichten und Bilder von unbegreiflicher menschlicher Brutalität. Menschen

kommen in schweres Leiden, und es ist von anderen Menschen bewußt verursacht. (Und die Anführer, die die Befehle erteilen, werden dann womöglich noch zu freundlich behandelten Verhandlungspartnern.)

Nein, wir können das Leiden in der Welt nicht einfach Gott zuschieben. Viel Leiden wird verursacht durch unmittelbare oder mittelbare menschliche Schuld.

Da ist unsere Verantwortung herausgefordert. Wir sollen tun, was wir können, um solches Leiden zu verhindern oder zu überwinden.
Freilich sind wir auch dort, wo uns durch Menschen verursachtes Leiden begegnet, oft ratlos und kommen uns ganz hilflos vor. Und es gibt auch schweres Leiden, für das keinerlei menschliche Schuld erkennbar ist. Nicht nur bei Naturkatastrophen ist das so, sondern auch bei vielen Unfällen und Krankheiten. Da richtet sich die bittere Warum-Frage dann an die Weltordnung: Warum ist es so, daß solche Katastrophen geschehen? Und nicht wenige fragen da: Wie kann Gott das zulassen? Freilich, diese Frage steigt nicht nur auf, wenn – quasi nach kühlem Abwägen – kein menschlicher Verursacher des Leidens feststellbar ist. Sie wird auch dort gestellt, wo ein Mensch mit dem Leiden nicht mehr zurecht kommt, auch wenn Schuldzusammenhänge erkennbar sind. Man denkt, da müßte Gott doch eingreifen.
Ein Wort des Dichters Georg Büchner, das dieser 1835 in seinem Drama ‚Dantons Tod' geschrieben hat, ist seitdem oft zitiert worden: »Das Leiden ist der Fels des Atheismus.«
Ein erschütterndes Beispiel aus der Endphase des 2. Weltkriegs gibt der Brief eines Soldaten aus Stalingrad. Da schreibt ein Pfarrerssohn seinem Vater:
»Vater, da sind Bombentrichter, da sind zerstörte Häuser.
Da sind Kameraden, die haben Angst.
Mein Herz schreit nach Gott.
Aber er zeigt sich nicht.
Hunger und Mord ist auf der Erde.
Bomben und Feuer kommen vom Himmel.
Und wo ist Gott?
Nein, Vater, es gibt keinen Gott.
Ich weiß, daß es entsetzlich ist, wenn ich das schreibe.
Aber es gibt keinen Gott.
Und wenn es doch einen Gott geben sollte,
dann gibt es ihn nur bei euch,

in den Gesangbüchern und Gebeten,
in den frommen Sprüchen der Pastoren,
im Läuten der Glocken,
aber in Stalingrad nicht.«[4]

Dieser Schrei »Es gibt keinen Gott« ist hier Ausdruck tiefster Verzweiflung. Wir finden heute auch ganz andere Beispiele, die zeigen, daß jemand den Glauben an Gott wegwirft wie ein altes Gewand, ohne den Ausdruck von Trauer oder Bestürzung. Man könnte das einen kalten Atheismus nennen. In einem englischen Massenblatt wurde ein Interview veröffentlicht. Da hatte ein neunzehnjähriges Mädchen auf die Frage, ob sie an Gott glaube, geantwortet: »Nein! Ich tat es einmal, aber jetzt nicht mehr. Religion ekelt mich an. Ich kann nicht begreifen, wie es da einen wohlwollenden Gott geben kann. Es gibt zu viele Tragödien – persönliche und in der Welt.«[5]

Die Theodizee-Frage

Wie kann man das unbegreifliche Leiden in der Welt zusammenbringen mit dem Glauben an einen allmächtigen und gütigen Gott? Das ist die Theodizee-Frage. Sie steht hinter dem Buch Hiob. Und sie ist aktuell. Wie können wir mit ihr umgehen?

Im Alten Testament begegnet dieses Problem nicht nur im Buch Hiob. Die Josefsgeschichte ist Beispiel eines Lebens mit Gott. Aber Josef wird von seinen Brüdern in den Brunnen geworfen und in die Sklaverei verkauft.
Das Volk Israel erlebt in Ägypten bittere Knechtschaft und Unterdrückung.
In den Psalmen finden sich häufig Klagen des leidenden Beters:

Aus Psalm 88:
Herr, zu dir schreie ich am Tag und in der Nacht (2).
Meine Seele ist gesättigt mit Leiden,
mein Leben ist dem Totenreich nahe (4).
Ich bin wie ein Mann, dem alle Kraft genommen ist (5).
Die Freunde hast du mir entfremdet,
mich ihrem Abscheu ausgesetzt.
Ich bin eingeschlossen und kann nicht heraus (9).
Warum, o Herr, verwirfst du mich,
warum verbirgst du dein Gesicht vor mir (15)?

Aus Psalm 73:
Alle Tage war ich geplagt,
jeden Morgen wurde ich gezüchtigt (14).
Mein Herz war verbittert,
mir bohrte der Schmerz in den Nieren;
ich war wie ein Stück Vieh vor dir (21 f).
Fast wären meine Füße gestrauchelt,
beinahe wäre ich gefallen,
als ich sah, daß es den Frevlern (Gottlosen) so gut ging.
Sie leiden keine Qualen,
ihr Leib ist gesund und wohlgenährt (2–4).
Immer im Glück häufen sie Reichtum auf Reichtum (12).

Im Neuen Testament wird die Frage nach dem Leiden und Gott zum zentralen Thema. In der Mitte steht das Kreuz Christi.
Das älteste der vier Evangelien überliefert als einziges Wort Jesu am Kreuz seinen Schrei: »Mein Gott, mein Gott, warum hast du mich verlassen?« (Markus 15, 34). Und zuvor sagt Jesus zu seinen Jüngern: »Wenn mir jemand nachfolgen will, so sage er sich los von sich selbst und nehme sein Kreuz auf sich und folge mir« (Markus 8, 34).
Christen werden nicht vom Leiden verschont, sie werden im Gegenteil besonders intensiv mit dem Leiden konfrontiert.

Vier Grundaspekte im Neuen Testament

Wenn wir der Frage nach Gott und dem Leiden im Neuen Testament genauer nachgehen, erkennen wir vier Grund-Aspekte:

1. Jesus korrigiert die Warum-Frage

In Johannes 9 wird erzählt: Jesus sah einen Menschen, der war von Geburt an blind. Und seine Jünger fragten ihn: »Rabbi, wer hat gesündigt, er selbst oder seine Eltern, daß er blind geboren ist?« (Vers 2)
Sie wollen eine Antwort auf die Warum-Frage. Sie denken wohl: wenn man wüßte, wer daran schuld ist, dann könnte man dieses schwere Schicksal verstehen. Ähnlich wie Hiobs Freunde gehen sie offenbar davon aus: Wenn so etwas über einen Menschen kommt, dann muß Schuld vorliegen. Wenn man die Schuld aufzeigen könnte, dann hätte man eine Erklärung, dann

wäre dieses schwere Schicksal nicht mehr unbegreiflich. Jesus aber weist dieses Denken im Schuld-Strafe-Zusammenhang ab. Er antwortet: »Weder er noch seine Eltern haben gesündigt, sondern es sollen die Werke Gottes an ihm offenbar werden.« (Vers 3).

Jesus geht ganz anders auf dieses Leiden ein. Er will nicht ein Rätsel lösen, eine Erklärung finden, so daß man's einordnen kann. Was würde dies auch dem Betroffenen selbst helfen? Nein, er sieht diesen leidenden Menschen mit Gott zusammen. Er fragt: was kann aus ihm werden, wenn man ihn zusammensieht mit dem nahen und gütigen Gott?

Das ist der Schlüssel für das Eingehen auf die Leidensfrage im Neuen Testament. Und daraus ergeben sich Konsequenzen:

2. Jesus überwindet Leiden durch die Kraft Gottes

In der Geschichte vom Blindgeborenen wird dann erzählt, daß Jesus ihn geheilt hat. Und von solchen Heilungen ist ja in den Evangelien durchgehend die Rede. Heilungen spielen in der Jesus-Überlieferung eine zentrale Rolle. Jesus findet sich mit der Realität des Leidens nicht einfach ab; er überwindet es in der Kraft Gottes. Und es wird erzählt, daß er seine Jünger bevollmächtigt und beauftragt hat, das auch zu tun (vgl. Matthäus 10, 1-8). Die Apostelgeschichte und die neutestamentlichen Briefe zeigen, daß in der Urgemeinde dieser Auftrag wahrgenommen wurde (Apostelgeschichte 3, 1-8; 5, 12-16; 9, 32-35 und viele andere Stellen; Römer 15, 18 f; 2 Korinther 12, 12; 1 Korinther 2, 9.28; Jakobus 5, 13-15).

Aber die Überwindung von Leiden durch die Kraft Gottes betrifft nicht nur Krankenheilungen. Menschen, die von bösen Mächten beherrscht sind, werden frei. Lukas 11, 20 deutet dies als Zeichen dafür, daß die Gottesherrschaft schon gegenwärtig ist.

Und Jesus hat Menschen angenommen, die als Sünder verachtet und ausgegrenzt waren. Markus 2, 14-17 erzählt, wie er Levi, einen Zöllner, in seine Nachfolge rief und sich dann mit vielen Zöllnern und Sündern zusammensetzte. Das forderte den Protest der Theologen heraus. Jesus aber sagte zu ihnen: »Die Gesunden brauchen keinen Arzt, sondern die Kranken. Ich bin gekommen, Sünder zu rufen, nicht Gerechte.«

3. Die Erfahrung der Nähe Gottes mitten im Leiden

Auch Jesus konnte das Leiden nicht aus der Welt schaffen. Wenn er Leiden überwindet, so versteht er das als Zeichen, als Hinweis auf das Neue, das kommen soll, die Gottesherrschaft. Es wird eine Zeit kommen, wo Leid, Geschrei und Schmerz nicht mehr sein werden (Offenbarung 21, 4). Jetzt aber ist das Leiden noch eine Realität, trotz aller Hilfen zu seiner Überwindung. Und gläubige Menschen werden davon nicht verschont. Die Wirklichkeit und die Nähe Gottes wird nicht nur darin erfahren, daß Leiden überwunden wird. Gott kann einem Menschen auch im Leiden nahe sein.

Ein wichtiges Beispiel dafür ist Paulus. Er erzählt 2 Korinther 12, 7–9, daß er durch ein schweres Leiden belastet war. Er spricht von einem »Pfahl im Fleisch«. Wir wissen nicht, was damit gemeint ist. Aber wir können davon ausgehen, daß es eine schwere Belastung für ihn war. Paulus berichtet, er habe den Herrn dreimal angefleht, ihm das abzunehmen. Aber seine Bitte wurde nicht erfüllt. Er bekam die Antwort: »Meine Gnade genügt für dich; denn die Kraft kommt in der Schwachheit zur Vollendung.«
Dieser ‚Pfahl im Fleisch' war bei weitem nicht das einzige Leiden, das Paulus zu tragen hatte. 2 Korinther 11, 24–29 finden wir eine Aufzählung der Bedrängnisse, denen er ausgesetzt war. Und dabei war er doch ein besonders Berufener. Und er war der fruchtbarste Missionar der Urchristenheit. Er lebte in der erfahrbaren Nähe seines Herrn, trotz allem Leiden.

4. Das Kreuz als Heil – Gott kommt herein ins Leiden

Dafür, daß Leiden getragen werden muß, steht im Neuen Testament nicht nur die Erfahrung des Paulus; zentral ist das Kreuz Christi. Jesus bat in Getsemane seinen himmlischen Vater, ihm das bevorstehende Leiden wenn möglich abzunehmen. Gott erfüllte ihm seine Bitte nicht. Das Kreuz Christi ist für den christlichen Glauben das wichtigste Beispiel dafür, wie tiefes Leiden zusammenkommen kann mit dem Glauben an den nahen Gott.

Freilich, schon für die Jünger Jesu war das Kreuz unendlich schwer zu verstehen. Bei der Gefangennahme in Getsemane verließen sie ihn alle. Und die Erfahrung der Kreuzigung Jesu war für sie ein Schock. Das ist deutlich erkennbar in der Ostergeschichte von Jesu Begegnung mit den ‚Emmausjüngern'. Sie antworteten dem Unbekannten, der ihnen begegnete und sie nach dem Grund ihrer Trauer fragte: Jesus war ein Prophet, mächtig in Wort und Tat vor Gott und dem ganzen Volk. Wir hatten gehofft, er sei der Erlöser. Aber unsere Obersten haben ihn zum Tode verurteilt und gekreuzigt (Lukas 24, 17–21). Alles ist aus!

Daß im Kreuz Heil sein soll, das haben die Jünger erst durch die Begegnung mit dem Auferstandenen begriffen. Die Emmausgeschichte erzählt, wie der Auferstandene ihnen die Schrift erschloß: Von Mose und allen Propheten legte er ihnen aus, was in der ganzen Schrift von ihm gesagt war (Vers 27). Ich denke, da wurde ihnen deutlich, was man in der Tat überall in der Schrift erkennen kann: daß Gott die Seinen nicht verläßt, wenn sie ins Leiden geführt werden.

Daß sich im Kreuz Jesu der nahe und gütige Gott offenbart, das war damals und ist heute fast nicht verstehbar. Paulus sagt: Für die Juden ist diese Botschaft ein Skandal, für die Griechen ein Unsinn (1 Korinther 1, 23). Auch heute widerspricht das dem natürlichen Denken. Gott muß doch stark sein. Er darf nicht schwach sein. Aber die Botschaft vom Kreuz verkündigt, daß Gott ins Leiden hereinkommt.

Dem Paulus wurde geoffenbart: In der Schwachheit kommt die Kraft zur Vollendung. So konnte er dann sein eigenes Leiden verstehen. So konnte er auch das Kreuz Christi verstehen: In der Schwachheit des Gekreuzigten kommt Gottes Kraft zur Vollendung. Gott ist so stark, daß er schwach sein kann.

Von diesen neutestamentlichen Akzenten her können auch wir heute lernen, mit der schweren Frage nach Gott und dem Leiden umzugehen.

Hilfen im Umgang mit dem Leiden

Ich fasse die Konsequenzen, die sich aus den neutestamentlichen Einsichten für unseren Umgang mit eigenem und fremdem Leiden ergeben, in sechs Punkten zusammen.

1. Sich nicht mit dem Leiden abfinden

Manche gläubige Menschen neigen dazu, Leiden als gottgegeben hinzunehmen. Eine Krankenschwester, die längere Zeit unter muslimischen Arabern gelebt hatte, berichtete: »Das hat mich gewundert, daß sie immer sagten: Allah will es so.« Eine solche Einstellung begegnet auch unter Christen. Sie kann von einem Mißverständnis der Allmacht Gottes herrühren. Man denkt: Wenn Gott allmächtig ist, bedeutet das doch, daß alles von ihm kommt. Wie können wir uns dann dagegen auflehnen, wenn wir an Gott glauben?

In einer solchen Einstellung gerät der gläubige Christ in Gefahr, zu wenig zur Verhinderung und zur Überwindung des Leidens zu tun. Er kann sich dabei aber nicht auf Jesus berufen. Der Glaube an den allmächtigen Vater bedeutete bei Jesus zuerst, daß er alles tat, um Leiden zu überwinden. Auch wir sollen in Jesu Auftrag die Kraft Gottes dafür in Anspruch nehmen, daß Leiden überwunden wird.

Besonders verbreitet ist die Einstellung, daß man dort, wo der persönliche Einfluß nicht hinreicht – etwa bei Kriegen in einem anderen Land – nichts tun könne. Wir müssen aber lernen, daß die Aufgabe, Leiden in der Kraft Gottes zu überwinden, nicht nur den Bereich persönlicher Zuwendung betrifft, sondern auch unsere politische Mitverantwortung.
Johannes 14, 12 wird ein Jesuswort überliefert, das den Auftrag der Jünger überraschend hoch ansetzt. »Amen, amen, ich sage euch: Wer an mich glaubt, der wird die Werke auch tun, die ich tue und noch größere als diese.« Ich deute das so, daß durch diejenigen, die sich zu Jesus halten, seine Taten in größerem Maßstab wirksam werden sollen. Und dazu gehört für uns der Bereich politischer Mitverantwortung. Die ersten Christen hatten keine Möglichkeit, an der politischen Gestaltung mitzuwirken. Heute ist diese Möglichkeit gegeben. Menschliches Leiden kann und soll überwunden oder gelindert werden. Christen sollen sich dafür einsetzen. Sie können sich nicht abfinden mit den Verhältnissen, wie sie jetzt sind. Sie haben den Auftrag, durch persönliche Hilfe Leiden zu verhindern und zu überwinden und auch durch die Wahrnehmung politischer Mitverantwortung.
Wenn man sich dieser Aufgabe stellt, erfährt man jedoch zugleich, daß nicht alles Leiden verhindert oder überwunden werden kann.

2. Leiden tragen

In der Welt, wie sie jetzt ist, gibt es viel Leiden, das getragen werden muß, weil es mit den Möglichkeiten, die wir jetzt haben, nicht überwindbar ist. Das gilt zum Beispiel für Krankheiten. Aller Fortschritt in der Medizin hat nicht dazu geführt, daß dem Menschen das Leiden durch Krankheiten abgenommen wurde. Auch Jesus, von dem viele Krankenheilungen berichtet werden, konnte die Krankheit nicht abschaffen. Krankheit gehört zur Unvollkommenheit der menschlichen Existenz. Mit dieser Einsicht werden schuldhaft herbeigeführte Erkrankungen nicht entschuldigt, noch wird dadurch die Aufgabe der Krankenheilung gering geachtet.

Und am Ende unseres Lebens steht der Tod. Das Sterbenmüssen bringt Leiden mit sich, sowohl für die Sterbenden selbst, als auch für diejenigen, die über den Tod eines anderen trauern. Das heißt nicht, daß Sterben immer schrecklich sein muß. Aber viele haben vor dem Tod Angst.

Die Aufgabe, Leiden zu tragen, ist in doppelter Weise gestellt: eigenes Leiden zu ertragen und Leiden anderer mitzutragen. Wenn es keine Menschen gäbe, die bereit sind, das Leiden anderer mitzutragen, dann wären Leidende menschlich ganz verlassen. Menschliche Nähe und Hilfe ist aber gerade im Leiden notwendig.
Das gilt nicht nur für Krankheit und Sterben. Menschen leiden an den Verhältnissen, in denen sie leben müssen: Hunger, Kälte und Krieg, aber auch zerstörte Familienbeziehungen, Mangel an Freundschaft und Liebe, Mißerfolg im Beruf. Viele leiden daran, daß sie sich selbst nicht akzeptieren können; man vergleicht sich mit anderen und ist unglücklich darüber, daß man selbst so und nicht anders ist.

Dort, wo Leiden getragen werden muß, erfahren viele die Frage nach der Allmacht Gottes besonders bedrängend. Wie soll man an einen allmächtigen und gütigen Gott glauben können, wenn er hier nicht eingreift?
Wir sollen Gottes Allmacht von seiner Liebe her verstehen. Wenn wir bekennen, daß Gott Liebe ist (1 Johannes 4, 16), dann vertrauen wir darauf, daß diese Liebe stärker ist als alles, was ihr entgegensteht. Die Liebe ist auch schwach. Sie kann und will den andern nicht zwingen, auch den nicht, der sich gegen sie auflehnt.
In der Welt, wie sie jetzt ist, wird noch nicht alles durch die Liebe Gottes bestimmt. Es gibt Haß und Feindschaft unter den Menschen. Es gibt Gleichgültigkeit gegen Gott und Ablehnung Gottes. Es gibt Unglück und unbegreifliches Leiden. Angesichts dieser Wirklichkeit an Gottes Allmacht zu glauben, kann nicht bedeuten, davon auszugehen, daß Gott das alles so gewollt und gemacht hat. Es bedeutet vielmehr, zu glauben, daß man trotz allem in der Liebe Gottes leben kann, und daß sie sich als die stärkere Kraft erweisen wird. Der Leidende, der sein Geschick nicht versteht, kann trotzdem die Gewißheit haben, daß Gott bei ihm ist, auch und gerade in den dunklen Erfahrungen.

Es gibt kein menschliches Leben ohne Leiden. Wir müssen bei uns selbst die Fähigkeit und die Bereitschaft verstärken, eigenes Leiden durchzustehen

und Leiden anderer mitzutragen. Ein oft zitiertes Wort, das Oetinger zugeschrieben wird, gilt besonders auch im Umgang mit dem Leiden:
»Herr, gib mir den Mut, zu ändern, was ich ändern kann,
gib mir die Kraft, zu tragen, was jetzt nicht zu ändern ist
und die Weisheit, das eine vom anderen zu unterscheiden.«

3. Das Leiden nicht nur negativ sehen

Damit kommen wir zu einem schwierigen Punkt. Kein gesunder Mensch möchte leiden. Wer sich Leiden wünscht, ist psychisch krank.
Und doch müssen wir zugleich fragen: Ist eigentlich Leiden grundsätzlich und immer etwas Negatives? Etwas, das nicht sein soll? Etwas, das unter uns Menschen zum Verschwinden gebracht werden sollte?
Wenn wir unser eigenes Leben im Rückblick betrachten, wollten wir eigentlich alles Leiden, das wir erfahren haben, daraus tilgen, wenn wir könnten?

Manchmal nehmen wir kleineres oder größeres Leiden mit Absicht auf uns, weil es nötig ist. Ein banales Beispiel dafür ist der Besuch beim Zahnarzt. Ich gehe da nicht gern hin, aber ich nehme das Unangenehme auf mich, um Schlimmeres zu verhindern. Man könnte die kleinen, alltäglichen Beispiele häufen: Oft nehmen wir eine Belastung, eine Anstrengung, einen Verzicht auf uns, um ein Ziel zu erreichen, eine Aufgabe zu bewältigen. Es gibt Beispiele für bewußt übernommenes Leiden, die alles andere als banal sind. Die gebärende Mutter nimmt Schmerzen auf sich; sie möchte ihr Kind haben. – Wenn ich bereit bin, einen anderen Menschen auf einem schweren Weg zu begleiten, nehme ich teil an seiner Belastung oder seinem Leiden. Über die Begleitung von Kranken und Sterbenden haben wir schon gesprochen. Manche erleben heute, wie schwer es ist, alte Menschen, sogenannte »Pflegefälle« zu begleiten. Man nimmt das auf sich, weil es nötig ist.
Leiden, das man tragen mußte, wird nicht selten im Rückblick als eine Erfahrung erkannt, die einen selbst weitergebracht hat.
Ich zitiere zwei Stimmen aus der Umfrage, auf die ich bereits hingewiesen habe:
»Durch Schweres reift der Mensch und erkennt das Wesentliche im Leben.«
»Jeder Schmerz bringt uns weiter. Es ist eine Herausforderung.«

Elisabeth Kübler-Ross, die dadurch bekannt wurde, daß sie mit vielen Sterbenden offen über ihren Weg zum Tod gesprochen hat, schreibt einmal im Rückblick auf die oft sehr schwere Sterbebegleitung: »Ich bin davon überzeugt, daß diese Erfahrungen mit der Wirklichkeit des Todes mein Leben bereichert haben, mehr als alle anderen Erfahrungen, die ich gemacht habe.«[6] Die wichtigsten Erfahrungen in unserem Leben machen wir kaum je ohne Schmerzen. Manchmal erkennen wir im Rückblick, daß Zeiten des Leidens, der Krisen, Konflikte, Krankheiten, Mißerfolge für unsere innere Reifung besonders wichtige Zeiten waren.

4. Im Leiden Gott erfahren

Das Sprichwort sagt: Not lehrt beten. Ich weiß wohl, daß das nur halb wahr ist. Not lehrt auch fluchen. Und doch haben es viele erfahren, daß Zeiten des Leidens für sie Zeiten des Segens wurden.
Noch einmal einige Stimmen aus der zitierten Umfrage:
»In Nöten erfahren wir oft die Nähe Gottes am meisten.«
»Durch Gebet und Gottes Wort und durch die Fürbitte anderer bekam ich neue Kraft.«
»Wenn man durch Tiefen muß, wächst man im Glauben.«
»Wenn man die eigene Hilflosigkeit erfahren hat, findet man den Weg zu Gott.«

Wir wollen das Leiden nicht verklären. Und doch gehört es zum Geheimnis menschlicher Leidenserfahrung, daß einem das Leiden zum Segen werden kann.
Weil Gott ins Leiden hereinkommt, kann es geschehen, daß das Leiden, das für uns immer schwer und bitter ist, zur tiefen Gotteserfahrung wird.

5. Im Leiden nicht allein bleiben

Klagen ist erlaubt.
Es ist bewegend, wie im Alten Testament, nicht nur im Buch Hiob, sondern auch in den Klageliedern und in vielen Psalmen gläubige Menschen ihrer Klage Ausdruck geben. Manche sagen, die Klage finde bei uns heute zu wenig Raum, im Gottesdienst und im persönlichen Glaubensleben.
In der Gesellschaft ist es ja modisch geworden, daß man sich über alles beklagt. Ausländer, die Deutschland besuchen, finden die Unzufriedenheit und das Jammern der Deutschen teils unbegreiflich, teils lächerlich.
Vielleicht hat es mit dieser Mode des ‚Sich-Beklagens' zu tun, daß Menschen, die im Glauben leben, dieses Klagen nicht in ihre Gottesbeziehung eindringen lassen wollen. Das Jammern darüber, wie schlecht es einem

geht – natürlich auf hohem Niveau, versteht sich – ist etwas anderes als die hier gemeinte Klage.

Es ist wichtig, daß Menschen ihre Not aussprechen können, sie nicht vor Menschen und vor Gott zu verbergen und zu verdrängen suchen. Wenn wir selbst im Leiden sind, sollen wir uns getrauen, »das Herz auszuschütten« – einem Menschen und vor Gott. Wir dürfen klagen, wir dürfen auch protestieren – Gott hält das aus.
Viele gehen heute zum Psychotherapeuten, weil sie da alles aussprechen können. Es ist einer da, der ihnen zuhört.
Manchmal gehört das zum Hilfreichsten, was wir für einen leidenden Menschen tun können: ein Ohr für ihn haben, ihm Zeit widmen. Das Hören ist oft wichtiger als das Reden. Wir sollen nicht meinen, wir müßten auf alle schweren Fragen, die er ausspricht, eine Antwort haben – und nicht so tun, als hätten wir eine. Auch mit eigenen Glaubenserfahrungen und mit Worten aus der Bibel sollten wir zurückhaltend sein, wenn ein anderer sich bei uns ausspricht und uns sein Leiden klagt. Denken wir an Hiobs Freunde, die so wortreich von Gott reden und meinen, sie hätten auf alle Fragen des leidenden Hiob eine Antwort. Sie zeigen deutlich, daß Hören besser sein kann als Reden, Zurückhaltung mit ‚Glaubensantworten' besser als das schnelle Reden von Gott. Hiobs Freunde haben ihn allein gelassen in seiner Verzweiflung und Anfechtung, obwohl sie bei ihm waren und viel zu sagen wußten.

6. Die Warum-Frage verabschieden

Warum gerade ich? Warum läßt Gott das zu?
Für jeden, dem sich diese Fragen aufdrängen, sind sie bitter, weil sie Ausdruck unbegreiflichen Leidens sind, und weil es auf sie keine Antwort gibt.
Jesus hat die Warum-Frage, die eine Erklärung sucht, abgewiesen; er hat sie umgewandelt in die Frage: Was kann aus diesem leidenden Menschen werden, wenn man ihn zusammensieht mit dem nahen und gütigen Gott?
Erklärungen sind angesichts tiefen Leidens wenig hilfreich. Das gilt auch für fromme Erklärungsversuche. Sie können hart, ja unmenschlich sein. Stattdessen sollten wir Wege suchen, im Leiden mit Gott zu leben. Es ist die tiefste Antwort des Glaubens – gewonnen am Kreuz Christi – daß Gott auch im schwersten Leiden noch da ist. Das war auch für Hiob die erlösende Erfahrung.

Wir können nicht alles verstehen, auch wenn wir an Gott glauben. Vieles in unserem Leben bleibt ein dunkles Geheimnis; Gott selbst bleibt für uns Geheimnis. Aber er ist da, auch dann, wenn wir uns von ihm verlassen fühlen. Wir müssen uns nicht quälen mit der bitteren Warum-Frage. Wir dürfen sie verabschieden.

Freilich, ich kann nicht verhindern, daß ein leidender Mensch diese Frage stellt: Warum gerade ich? Warum läßt Gott das zu? Auch mich selbst kann diese Frage überfallen. Dann soll ich wissen, daß ich sie nicht einsperren muß in mein Inneres.
Ich kann sie abgeben an einen Menschen, der mir zuhört;
ich kann sie abgeben an Gott.
Der Beter des 23. Psalms sagt:
»Und ob ich schon wanderte im finsteren Tal
fürchte ich kein Unglück,
denn du bist bei mir.«
Dies ist der tiefste Trost im menschlichen Leid, daß wir die hilfreiche Nähe Gottes erfahren können, mitten im Leiden, auch wenn die Warum-Frage keine Antwort findet.
»Du bist bei mir.«

Anmerkungen

[1] Martin Buber, Werke 2, Kösel, München; Lambert Schneider, Heidelberg 1964, Der Glaube der Propheten, S. 436–443
[2] Gustavo Gutiérrez, Von Gott sprechen in Unrecht und Leid – Ijob; Kaiser, München; Grünewald, Mainz 1988
[3] Hiob in exegetischer Sicht, EvErz 5/1984 S. 517 f.
[4] Letzte Briefe aus Stalingrad, zit. nach W.G. Esser, Zum Religionsunterricht morgen, Bd 3, München/Wuppertal 1972, S. 499
[5] John A.T. Robinsohn, Kann man heute kein Atheist sein? In: Kontexte 1, Kreuz Verlag 1965, S. 10
[6] Reif werden zum Tode, GTB Siebenstern 1023, 1981, S. 135

DER DIAKONIE-VERLAG

gehört als Teil der Grafischen Werkstätte zu den Bruderhaus-Werkstätten in Reutlingen. Sie ist anerkannte Werkstatt für behinderte Menschen.

Im Diakonie-Verlag erscheinen Veröffentlichungen zur Praxis des Christseins heute. Zusammen mit Menschen, die es durch ihre Behinderungen schwer haben im Leben, fertigen wir hochwertige Druckarbeiten. Unser Anliegen ist es, daß die Botschaft des Evangeliums gerade in der heutigen Zeit zu vielen Menschen kommen kann.

Erich Bochinger

ist am 19. Oktober 1928 in Dornstetten geboren. Er studierte evangelische Theologie in Tübingen und Göttingen von 1947–1951, war Vikar in verschiedenen Gemeinden der Evangelischen Landeskirche Württemberg, 1954–1958 Assistent in Tübingen, wo er zum Dr. theol. promovierte. 1958–1987 war er Dozent und Professor an den Pädagogischen Hochschulen Schwäbisch Gmünd und Reutlingen.

Seine Veröffentlichungen beziehen sich hauptsächlich auf den Bereich der Religionspädagogik.

GERHARD GRIMM

geboren am 10. 7. 1927 in Grünsfeld/Baden. Studium an den Universitäten Heidelberg und Karlsruhe sowie an der Akademie der Bildenden Künste Karlsruhe. Bis 1987 Professor für Kunstpädagogik an der Pädagogischen Hochschule Reutlingen.
Seit 1953 Einzelausstellungen und Ausstellungsbeteiligungen im In- und Ausland (u. a. Mannheim, Berlin, Rom, New York). Auszeichnungen für Druckgraphik in Stuttgart und Tokio. Bibliophile Buchgraphik in Editionen der Eremitenpresse Düsseldorf, Dettling Pforzheim, Graphischer Zirkel Wien, Harwalik Reutlingen und Aldus-Presse Reutlingen. Lebt in Reutlingen.

IMPRESSUM

Die Deutsche Bibliothek – CIP-Einheitsaufnahme

Bochinger, Erich:
Wie kann Gott das zulassen? : Geschichten von Hiob,
Erfahrungen von heute / Erich Bochinger. Mit Zeichn. und
Holzschn. von Gerhard Grimm. – Reutlingen : Diakonie-Verl.,
1995
 ISBN 3-930061-29-5

© 1995 Diakonie-Verlag, Gustav-Werner-Straße 24, 72762 Reutlingen

Buchdesign	Fritz Keppler, Erich Stotz
Satz	Fotosatz Keppler, Reutlingen
Druck	Grafische Werkstätte der Gustav Werner Stiftung zum Bruderhaus
Buchbinderarbeiten	Realwerk G. Lachenmaier, Reutlingen
Printed in Germany	
Bildnachweis:	Alle Bilder von Gerhard Grimm

von Erich Bochinger erschien im Diakonie-Verlag:
Der dreizehnte Jünger – Jesusgeschichten heute
1994, ISBN 3-930061-12-0
2. Auflage 1996

Irene Ehle, Erich Bochinger:
Erzählt von seiner Herrlichkeit
1995, ISBN 3-930061-17-1